考える力とは、問題をシンプルにすることである。

刈野 進
Karino Shin

ワニブックス

はじめに

「正しい問題」さえ見つけられれば、作業量は激減し、スピードが上がり、成果は最大になる

本書は、「本当に取り組むべき問題（イシュー）」を見つけ出す力をつけてもらうためのものです。

問題解決力が高い人、創造力がある人、生産性が高い人、仕事が速い人……など、考える力がある人は、この力を持っています。

根本的な解決策を生む、本質的な問題を設定できさえすれば、ビジネス、仕事、勉強など、何事も作業量は減り、スピードは上がり、成果は最大になります。

たとえば、ある企業のトップが iPhone のすさまじい売り上げに触発されて、

「我々は、あれより機能の優れたスマートフォンを開発しなければならない！」

という問題を発見・設定したとします。

すると、その問題設定を受けた現場は、

どんな機能をつければいい？

防水？

テレビ？

などと、問題解決に取り組みます。そして、新たな製品が完成したならば、次はそれを効率良く製造・販売していきます。

しかし、そもそも「iPhone より機能の優れたスマートフォン」が売れるのでしょうか。リンゴマークのブランドこそ重要なのではないでしょうか。

ハードの機能より、もはやアプリが重要なのではないでしょうか。

いずれにせよ、「iPhone にはない、すごい機能のあるスマホ」の成功例を聞いたことがありません。

これは解決策が悪いのではなく、そもそも **「iPhone より機能の優れたスマートフォンをつくる」という、「取り組んだ問題自体が悪かった」** という例です。

問題解決において、最も重要なのは「良い問題設定をする」ということです。

経営者であれば、会社の進むべき方向を明示することであり、グループリーダーであればメンバーに対してレベルに合った課題を割り振ることです。

個人としても、目標を達成するためには「良い問題」を設定しないと、努力が報われません。

考える力がある人とは、最小の労力、資本、時間で、最大の効果を生む問題を見つけ出せる人なのです。

▼考える力とは、「解くことができる問題」を見つける力である

良い問題とは、

- **解くことができる**
- **解いたら効果が出る**

という2つの条件がそろったものです。

自力で解くことのできない問題や、時間があまりにもかかる問題に取り組むのは非効率ですし、懸命に解いた結果、思うような効果が得られなかったというのは悲劇です。

私たちは学校で、「問題解決」のトレーニングを受けてきました。しかし、現実とは

大きな違いがあります。

それは、「問題そのものを考え直す」ことができることです。現実的にはもっと厳しく「委《ゆだ》ねられている」と言ってもいいでしょう。

本書では目の前の複雑な混乱状態に惑わされずに**「解くことができて、解いたら効果が出る」**というシンプルな問題を設定できるようになることを目指します。これが最も大事だと考えるからです。

私は問題解決において、3つのレベルの人材があると考えています。

A　問題を発見・設定する人

B　他人が設定した問題を解く人

C　他人がすでに解いたものを、効率良く再現する人

日本の学校教育は、BとCの人材の育成に注力してきました。

しかし、「追いかけるべき先進国や成功事例」という目標、つまり問題がなくなった今、私たちは自ら取り組むべき問題を〝上手に〟設定しなくてはならないのです。

私たちは学校教育で「与えられた問題を正しいものとして取り組む」ことを教え込

まれてきました。社会に出ても、徹底的に指示通りに作業することを求められています。でも、「目の前にある問題をどう解くか？」と同時に、「他に解くべき問題はないか？」を考えることも必要なのです。

▼「10歳でも身につく」ように15年間をかけて設計された〝ロジカルシンキングの授業〟

私が代表を務める小学生対象の教室の現場においても「算数の成績を上げたい」という目的に対して、「計算ミスを減らす」「教科書に載っている基本問題を習得する」「問題の読み間違いを減らす」など様々な問題設定がありえます。それを間違えていたら、どんなに時間を割いても効果は上がりません。

「ロジム」は小学校1年生から高校3年生までを対象にした、「問題解決力」を養う教室です。

従来の「見たことのある問題を教わった解法で解く」という反復演習ではなく、**「見たことのない問題に対して、どうやってアプローチしていくか」**について議論しながら学んでいます。

主要科目の学習を通じて、「どうしたらできるようになるのか?」という学習計画を立てたり、「ロジカルシンキング」の授業において「遅刻を減らすには?」「フードロスを減らすには?」「水不足をどう解決する?」といったテーマに取り組むことを通じて、「問題設定力」「問題解決力」を身につけています。


本書は私の学習塾での指導経験と、経営コンサルタントとしての経験を活かし、**「問題を正しいものとして扱う学校教育」**と**「問題を自ら設定することが求められる社会人」を橋渡し**するために執筆しました。

15年にわたって小学生低学年の生徒でも理解できるように授業を設計してきた経験が反映された、わかりやすい内容になっていると思います。

今回は、問題設定の基本的な技術はもちろん「事例」を重視しました。

「無理、ムダをなくすための問題設定の大切さ」「自力で解ける問題だけを解く重要性」「問題と現象の違い」「筋のいい問題を設定するための思考のフレームワーク、数字・情報の分析スキル」「成功した起業家たちの問題発見と創造の技術」をご紹介しました。

最後に、おさらいの意味も含めて「あなたの問題設定スキルを高め、実戦で使いこなすための練習問題」も掲載しています。

社会人として、スピードと成果を求めるならこのスキルは必要不可欠です。「問題を発見する」力は経験によって高まっていくので、他人の事例もぜひ自分の血肉にしてください。

読後には、問題に取り組むときの姿勢が変化し、思い通りの成果を得ることのできる本当の問題解決力が身についているはずです。

苅野進

考える力とは、問題をシンプルにすることである。　目次

第1章　考える力が、作業量を激減させ、スピードと成果を生む

「問題設定」こそ「問題解決」の最重要ステップ

1　正しい問題設定が〝無理〟と〝ムダ〟をなくす

第2章 そもそも「解ける問題」に向き合っているか？

「学校での問題」との違い

第3章 それは本当に「問題」なのか？

「問題」と「現象」の違いを知ることで根本解決が近づく

第4章

【問題発見スキル1】ピックアップのためのチェックリスト「フレームワーク」

ベテランコンサルタントが10年かけて身につけた「思考の型」を短期間で学ぶ

第5章

【問題発見スキル2】精度の高い情報「収集」と「分析」

数字の見方、インタビュー、図式化の技術

第6章

問題をしぼり込み、取り組む順番を決める

解決の難易度と、効果の高低を明確にし、優先順位を付ける

1 解決のしやすさを見極めるには?

2 「効果の高さ」を見極めるには?

第8章 ケーススタディで練習してみよう

おさらいと実践トレーニング

問題設定力の高まりを実感してみよう!

第1章

考える力が、作業量を激減させ、スピードと成果を生む

「問題設定」こそ「問題解決」の最重要ステップ

1 正しい問題設定が〝無理〟と〝ムダ〟をなくす

▼「僕は、A中学校に合格したいんです……」

私が代表を務める学習塾ロジムで、進学指導をしたときの話です。

田中君は「どうしてもA中学校に行きたい」のですが、合格には学力がかなり足りませんでした。遊ぶ時間やムダな時間をすべて削って勉強するつもりなので、スケジュールや教材などを、プロである私たちに考えてもらいたいと相談されたのです。

よくある追い込まれた状況です。合格自体はかなり難しい。しかも、小学生としての貴重な時間をすべて受験勉強に費やす。プロに手取り足取り指示してほしいという長い目で見たときに、学習効果のない手段にも手を出そうとしている。

親や塾講師が立てたスケジュールに完全に乗って合格したタイプの生徒は、同じ点数で入学したとしても、自分で考えてきた生徒とは中高の勉強への対応力が違います。入学後に差がついてしまうと、モチベーションの低下など、悪循環に陥《おちい》ります。中学受験を通じて、「自分で計画を立てて勉強する」というスキルを身につけなければ、中学、高校では必ず後れを取るのです。

私はまず、「A中学校に合格する」という問題を疑うことから始めました。

「A中学校合格」は「目的」なのでしょうか？　違うはずです。

「A中学校合格」は、**〝何かを得るための手段〟**のはずです。

聞けば、「鉄道研究部がある」「自主性を重んじて勉強させてもらえる」「ネイティブの先生に英語を教えてもらえる」という、具体的な志望動機を聞くことができました。

その動機を聞くことで、本人が小学生らしく過ごしつつ、自分で勉強の計画をしっかり考えながら手の届く可能性のある、複数の中学校の情報を提供することができたのです。

これは、「A中学校合格」という問題設定が良いものではなかったという例であり、「鉄道研究部があり、自主性を重んじて、ネイティブの先生に英語を教えてもらえる学校に進学する」という、良い問題設定ができた例でもあります。

この例からわかるように、「問題設定」がうまくないと、そこから発生している目の前の作業に無理やムダが生じます。

小学生が、すべての時間を勉強に費やすという無理だったり、プロがすべて手取り足取り勉強スケジュールを考えるというムダです。

「A中学校合格」という問題をそのままにして、打ち手を考えることももちろん可能です。

しかし、そのために全体力を注ぎ込むことで燃え尽きてしまったり、中学校以降で求められる「自分で勉強計画を立てる力」を養う機会を奪ってしまうことは、「A中学校合格」の先にあった本当の目的とは相反することになります。

「A中学校合格」は目的ではなく手段であったにもかかわらず、いつの間にか最終的な問題であるかのように設定されてしまった。そのため、打ち手の良し悪しの判断がつかなくなってしまったのです。

「本当の問題はなんなのか？」と考えることの大切さがわかる例だと思います。

▼〝教師的〟〝学生的〟思考は捨ててしまっていい

私たちは小さな頃から問題を疑うことなく、すべてを受け入れて「解くこと」を勉強として取り組んできました。

解くことについて、いかにスキルを上げさせるかが教師の腕として評価され、もちろんどれだけ解けたかが学生の評価になります。

しかし、現実の問題は違います。

問題だと思って取り組んだけれど、解いたところで効果がなかった。

全く気づかなかったところに、解くべき問題があった。

という状況が普通です。

むしろ、「どういう問題を設定するか」ということを考えるのが、主な作業になります。

学生の延長で「明確な問題を与えてほしい」と考えたり、出題者のように「明確な問題を与えてやろう」という場合、それはもはや、**問題解決ではなく、すでに誰かが解決した問題を繰り返して処理するだけの「作業」**です。

プログラミングにより、ロボットに行なわせることが、最も簡単に実現してしまう分野とも言えます。

私たちは、苦戦しながらも「正しい問題は何か？」を考えていく姿勢を身につけなくてはならないのです。

▼「四角形ABCDの面積を求めなさい」——与えられた問題は、本当に取り組むべきものなのか？

次の算数の問題を見てください。

四角形ABCD（下図の黒い部分）の面積を求めなさい。

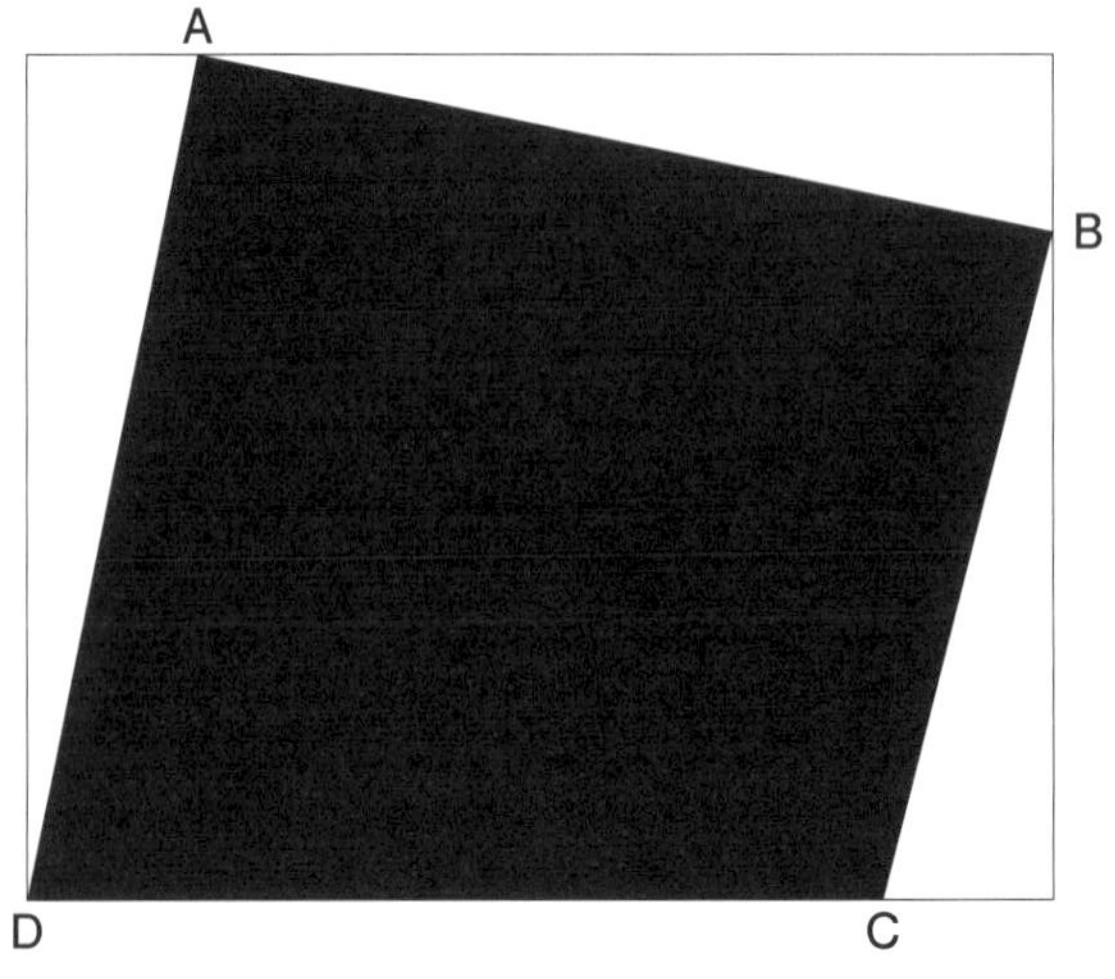

この問題でも、「四角形ＡＢＣＤの面積を求める」という問題文の指示通りに「問題設定」をして取り組んでも、解くことができません。

四角形ＡＢＣＤは正方形や平行四辺形など、求めるための公式があるようなきれいな四角形ではないからです。

ここで、問題として設定されている「四角形ＡＢＣＤ」から視点を動かしてみることを考えます。

ある図形の面積は、

１　そのものずばりの面積を求める
２　より大きな図形から、その図形以外の部分の面積を取り除く
３　その図形を分割して求めて、最後に足し合わせる

ことでも、求めることができます。１～３は、同じ目的を達成することができるのです。

場合に応じて、どれを問題として設定するかで解けるかどうかが決まります。

この問題では前述の通り、１の方針では求めることができそうにありません。

今回は、２の**「全体から、四角形ＡＢＣＤ以外の部分の面積を取り除く」**という問

題設定をすることで、残りの部分として四角形ＡＢＣＤの面積が求まります。

一見不可能そうに見える問題でも、**見方を変えて問題を設定し直すことで、突破口が見えてくる**という例です。

このように、「目の前の問題は、本当に目的達成のために効果的なのか？」と疑ってみようというのが本書の出発点です。

そして、より効果的な問題を設定し直して、結果を出せるようになることが目標です。

▼〝誤った問題設定のツケ〟は、後で必ず自分が払うことになる

高校生のとき、全員に一斉に出される宿題をきちんと提出していたのに、いざ試験となるとほとんどできなかった、という経験をお持ちの人は少なくないと思います。

期末試験の前に、数学の問題集の指定された範囲を解いたノートを提出するといった類のものです。

先生から与えられた課題（問題）は、「提出日に間に合わせて宿題を提出する」です。

これを額面通りに取り組むべき問題として設定してしまう生徒は、提出日に形だけ

を整えたノートを作成していたはずです。もちろん私もそうでした。

とにかく、すべての問題に取り組む。出来は問われないのだから、適当な式を書いて、赤ペンで直しておけばそれなりの体裁が整います。

こんな作業をしていては、「期日までにノート提出」という問題はクリアできたとしても、**「類題が出題されるテストに対応する」という問題が解決できるはずがありません。**

「試験のための勉強」という問題設定になっていれば、できなかった問題に印をつけておいて復習したり、重要そうな問題の類題を探したりという、受験のために効果的な作業に取り組んでいたはずです。

先生から与えられた問題を表面的に捉えずに、きちんと問題設定できたかどうかが後に大きく響いてくるのです。

▼問題設定がうまい人とは？

問題設定がうまい――。
それは、「欲しい結果を手に入れるために、より簡単な作業＝問題を見つけ出す」ということだと言い換えることができます。

逆に、問題設定が下手というのは「欲しい結果を手に入れるために、回り道や複雑な作業＝問題に取り組んでしまい、結果を逃したり多大なコストを支払ってしまう」と言えます。

学生時代ならば問題を時間内に解けなかった、試験に合格できなかったというレベルの損失ですみますが、ビジネスにおいては時間や機会の損失は非常にシビアな結果をもたらします。

問題を設定し、解決することで良い状態に持っていこうとしたのに、効果がなく損害が発生して、より悪い状況になってしまった。貴重な時間も資金も失った。

誤った問題に取り組み、そして答えてしまうというのは非常に危険なことなのです。

ライバルに水をあけられて業績が低迷している企業が、大きな投資により社運をかけて新商品を開発。しかし、その新製品が鳴かず飛ばずで、一気に倒産の危機に陥ったという話は少なくありません。

「こういう製品を出すべきだ」という社長の設定した問題に、技術者のみなさんが懸命になって応えたにもかかわらず、そもそも実現させたところで売れそうもない製品だったというのでは笑い話にもなりません。指示された問題が誤っていたということです。

問題設定というのは、勉強においても、ビジネスの世界においても上流の作業です。スタートの間違いは、下流に行くに従って増幅され、全く違う到達点に至ってしまいます。

だからこそ、問題設定力というのはリーダーにとって必須の能力ですし、リーダーになる前からしっかりと鍛えていかなくてはいけないものなのです。

また、たとえ思うような結果を得られたとしても、「違うやり方はなかったのか？」という反省は非常に大切です。

ライバルは、より簡単で効率的な方法を使い、達成しているかもしれないからです。常に反省し、常に考え、情報を集めることで問題設定力は磨かれていきます。

2 「秀でた結果」と「質のいい問題」は、切っても切り離せない関係

▼なぜ、LINEに登録するだけで〝大きな割引〟をしてくれるのか？

たとえば、あるテーマパークが売り上げの少なさに悩んでいたとします。

お客さんを集めるために、ネットや雑誌など、様々な広告を出そうと検討するのは常套手段《じょうとうしゅだん》です。テレビ広告など、あなたもよく見かけることでしょう。

しかし、「来場者を増やす」ことだけが、テーマパークの売り上げを増やす手段でしょうか。

一般にメディア広告は、資金の投下効率があまり高くない手段になりつつあります。

認知度を上げて、集客に結びつけるには膨大な量の広告が必要ですし、「どんな広告が子供を引きつけるか」には芸術的な演出の占める部分が多く、非常に難しい問題なのです。

すでに来場してくれているお客さんにアンケートをとったところ、「もっとしっかりとした食事を摂りたい」「お土産を充実させてほしい」「有料でもいいから優先搭乗のシステムが欲しい」などの要望があることがわかりました。

お金を払ってでも、満たしてほしいニーズを持っていたのです。つまり**目の前に、より現実的で効果的な解決すべき問題が存在していた**のです。

一般的に「経営状態を良くしたい」と考えるとき、真っ先に思いつくのが「新規の顧客を獲得する」というものです。

しかし、新規の顧客の獲得というのは非常に難しく、コストがかかるものです。当事者から見ると非常に良くできた製品や宣伝であったとしても、通りがかりの人々にしてみれば大量に流れていく景色みたいなもので、なかなか目には止まりません。

だからこそ企業は、少しでも興味を持ってくれた人を手放さないようにＬＩＮＥなどでつなぎとめようと必死になります。

ＬＩＮＥ登録だけで大きな割引をしてくれて驚くことも多いかもしれませんが、それくらい新規顧客との接触や獲得は高コストなのです。

そうすると、一度は興味を持ってくれて、購入にまで至ってくれた既存顧客というのが最も重要だというのは明らかです。

二度、三度来てもらうためにはどうしたらいいのか。

同じものだけではなく、さらに購入してくれるものは何か。

こういった情報を目の前にまで来てくれている既存顧客から引き出して、提供していくというのは当然の戦略になります。

既存顧客からの声に応えることは、実は効率の良いマーケティングにもつながります。ＳＮＳなどで発信される既存顧客の満足度の高い情報発信こそ、最も影響力のある広告です。

これは、新規顧客と既存顧客のどちらに問題設定をするかという例です。問題設定の仕方で、コストも効果も大きく違ってくるのです。

▼「自分の頭で考える」ことで評価は上がる

顧客から問題を与えられたときにも、非常に注意が必要です。

顧客自身が問題設定を誤っていたために、「解決したにもかかわらず、顧客の満足度が低い」という目も当てられない結果になることが少なくないからです。

People don't want to buy a drill. They want a hole.
（人はドリルを買いたいのではない。穴を開けたいのだ）

という、有名な言葉があります。

顧客の求めるがままにドリルを販売したら、「保管場所がない」「久しぶりに使ったら動かない」などと不満が噴出。顧客の本当の問題は「ドリルを買う」ではなく、「穴を開ける」であるので、ドリルを売っても顧客満足は達成できないというお話です。

私が経営コンサルタントだった頃、ある企業の新卒採用のお手伝いをしていたとき、担当者から「今年2000人だった応募者を、来年は3000人にまで増やしたい。予算も確保するつもりなので戦略を提案してほしい」と依頼を受けたことがあります。

額面通り「3000人の応募者を集める」という問題を設定して、それを実現するための広報戦略と予算の提案をすることはもちろん可能です。

しかし、私は「なぜ、3000人なのか？」と考えることから始めました。言うまでもなく、企業の採用の目的は、「必要なレベルの人材を、必要な人数だけ採用する」ことです。言われるがままに、「3000人の応募者を集めました」という問題解決をしても、「結局、応募者が増えたのですが、理想の人材の採用には至りませんでした」という結果になっては意味がありません。

「3000人の応募者を集める」という要求に応えた私の評価も理不尽にも下がってしまうことでしょう。

ヒアリングを進めると「去年の営業部の新人は非常に好評だった。やはり、新人が入ると部署に活気が出るので全部署で新人を配属したい」という話が発端であることがわかりました。

地方支社まで含めた全部署となると、昨年の「営業部の新人」とは必要な能力が違います。

昨年と同じような採用広告を使って応募人数を増やしたところで、管理部門や技術部門に適性のある人材の応募が増える見込みは少ないのです。

問題は３０００人という人数ではなく、「応募者の〝質〟をどう変えるか？」「昨年とは違った人材に届く採用広告、募集メッセージは何か？」を考えることだと、私は採用担当者に伝えました。

管理部門に向いた人材、技術部門に向いた人材を細かく分析して採用戦略を立案することにしたのです。

▼本質を見抜く――

「上司の指示に従ったのに、やり直し」はこうして起こる

身近な例ですと、「上司に言われた通りやったつもりが、思ったような評価を得られなかった」という経験をお持ちの人もいらっしゃるのではないでしょうか。

私がコンサルタント時代に、顧客向けのプレゼンテーション資料を上司にチェック

してもらったことがありました。

「このグラフは見にくいな、色分けしようか」と上司に言われて、指示通りにして再提出したところ、「う〜ん、なんか読みにくいんだよな」という渋い表情をされたことがありました。

私は「ちゃんと指示してくれよ」と思いましたが、今となっては上司の提示した「グラフが見にくいから色分けする」という問題を、何も考えずに受け入れていた自分の未熟さがわかります。

プレゼン資料は、自分よりはるかに高齢の顧客役員が初見で判断する資料です。「グラフが見にくい」というのはひとつの現象にすぎず、私の資料には**「パッと見ただけで、役員レベルの顧客の印象に残るための配慮」がなかった**のです。

上司も忙しい身ですし、上司自身もきちんと問題把握ができていないことも少なくありません。

ですから、常に目の前の問題に対して疑いの目を向けて、「より本質的な問題は何か」という思考をしていく必要があります。

▼最終的なゴールを意識した〝問題設定グセ〟は武器になる

前の2つの例を、逆の立場で考えてみましょう。

もし、指示を受けた私が額面通りに問題を設定し作業していたとしたら、顧客や上司は満足できなかったでしょう。

「なんか違うんだよな」という、漠然とした不満を感じるかもしれません。必要な人材が採用できなかったり、ビジネスがうまくいかなかったりという、良くない結果になったでしょう。

一般的に、**リーダーや顧客の問題設定は、そのまま受け止められてしまうことが多いのです。**

「やれと言われたからやっているけど、どうせうまくいかないよ」と思われながら、指示通りのものを納品しているという場面に出くわすことはよくあります。

指示を出すリーダーとして、発注する顧客として、問題設定力を高めておく必要があります。

また、指示を出す相手に対して「額面通りに指示を受け取るだけでなく、〝最終的なゴールを意識して問題設定を変えるべきだ〟という提案はいつでもしてほしい」という思いを共有しておくことも大切です。

▼ブックオフとバイク王のCMが「売るなら」である理由

起業をする。それは「他者は気づいていない問題設定をする」と同義であると言えます。**世の中を見渡して、まだ解決されていない問題を見つけ出す。**そして、その問題を解決することで顧客にとって大きなメリットをもたらしてくれる。

そんな問題をいち早く見つけると、起業したり、新規事業として取り組んだりすることで大きなビジネスになります。

素人考えでよく起業ネタとして挙がるのが、「中古販売」ビジネスです。

なんとなく、「安く仕入れて、高く売れる」という印象があるのでしょう。「他より安くすれば売れる」「ネットオークションなどを利用すれば、お客さんが見つけてくれる」という声を聞きます。

ヤフオクやメルカリなど、売るためのプラットフォームが簡単に使えて、広く認知されているということも身近に感じる理由でしょう。

しかし、実際に本気で取り組んでみるとわかるのですが、「中古販売」ビジネスのポイントは「集客」ではありません。

実は、「仕入れ」の難しさです。「仕入れる商品」を自分で自由に選べないのです。まずは、売ってもらわないと始まりません。

ブックオフのＣＭは「本を売るならブックオフ」、バイク王のＣＭも「バイクを売るならバイク王」です。

これらの企業は集客ではなく、仕入れのためのＣＭを出しているのです。

このようにビジネスをやる上で成功する、売り上げを増やすために〝正しい問題を設定する〟というのは非常に大切です。

▼ZOZOTOWNが見せつけた問題設定力

誰もが「今さらファッション通販？」と思ったＺＯＺＯＴＯＷＮ。なぜ、誰でも始められそうな商売であそこまで大きく、そしてひとり勝ちしているのでしょうか。

ZOZOTOWNの顧客は、商品を買う消費者と出店してくれる洋服メーカーの両方です。

ZOZOTOWNの強みは、普通は見えにくい洋服メーカー側の悩みをうまく解決した問題設定力にあります。

ZOZOTOWNは一般消費者から見ると「販売会社」のように見えますが、実際は「物流会社」と言えます。

まず、ZOZOTOWNは大きな倉庫を用意しています。洋服メーカーは、ここに自社の洋服を郵送します。すると、ZOZOTOWNはモデルを用意して着用写真を撮影し、サイトに掲載。そして、受注後には梱包《こんぽう》から発送までしているのです。

つまり、従来の洋服屋さんが苦手としているネット販売を代行し、流通までを引き受けています。

ですから、百貨店などとは違い、自社で洋服を買い取って在庫を持つことはしていません。

あくまで、洋服メーカーのネット販売・物流の会社なのです。

洋服メーカーが新商品をＺＯＺＯＴＯＷＮの倉庫に郵送すると、翌日にはモデルが着用した写真付きで販売サイトに掲載することが可能です。これを、洋服メーカーが自前でやろうとしたらとても大変です。

この洋服メーカー向けのサービスの充実度により、すさまじい数の出店を素早く実現しました。そして、これが顧客にとっての価値となり集客につながるという好循環をつくり出しています。

古くからある業界でも、問題設定により新しいビジネスが生まれるという好例です。

▼小さな投資で大きな効果を生んだ「足立区のおいしい給食」

東京の足立区で、「おいしい給食」というプロジェクトが10年にわたってすすめられています。

季節の食材にこだわったり、給食センターでの調理ではなく学校内で調理することで、出来立てのおいしさを提供しています。

このプロジェクトによって、残菜率はおよそ3分の1になったといいます。学校オリジナルの調味料などを、生徒たちは喜んで食べているのだそうです。

このプロジェクトの注目点は「おいしさを追求することで残菜を減らしたい。子供に喜んでもらいたい」という、表面的な問題設定にとどまらない狙いがあることです。

近藤区長は、「足立区といえば治安の悪さ、経済状況の低さ、教育環境の悪さ、健康状態の悪さで目立っていた。そういった社会問題を解決する一端として、おいしい給食を考えている」と語っています。

現状の経済状況では、家庭で満足のいく食事が提供されていない子供が多い。そのような状況では、健康に問題が発生するのはもちろんのこと、学校での授業中の集中力に影響が出てきます。

すると、学力低下につながり、不登校や治安の悪化につながっていく。そこから経済状況の悪化が再び始まる、という悪いサイクルがあるのではないかと考えたのです。

すべての問題に同時に取り組むのは、財政的にもマンパワー的にも難しい。そこで、この負のサイクルの重要ポイントとして「おいしい学校給食」に問題を設定したのです。

お腹がいっぱいになればいい最低限の食事というイメージだった給食に、徹底的にこだわった足立区の給食。一食300円以下の範囲で、誰の目にも明らかなほど質を向上させることに成功しています。

そして何より、全国平均を下回っていた学力テストの成績は上昇し、犯罪件数などの治安も改善してきているのです。

「おいしい給食」だけがこれらの改善に寄与したわけではありませんが、「食事は社会生活において大事な基礎である」ということが周知され、「足立区は悪いと評価されている諸問題に正面から取り組む」という評判が定着することに大きな役割を果たしていることは間違いないでしょう。

何より、**「大きな問題を目の前にして、ツボとなる小さな問題を発見して取り組むべき優先事項として設定する」**という本書でお伝えしたい「問題設定力」を活かしているところが注目すべきところです。

第１章のポイント

問題設定力とは、

「本当に効果が出る＝解決する価値のある」

問題を見つける力のこと。

そのために、

「最終的な目的は何か」

「目の前の問題はその目的を達成するものか」

を常に考える。

第2章

そもそも「解ける問題」に向き合っているか？

「学校での問題」との違い

1 まずは、「解けるかどうか」を見極める

▼解けない理想は後回しにすべき――
「つるかめ算」と「数え上げ」どちらの強化が成績向上に効果的？

問題解決をする際、「解決すると、どのような効果があるのか」という期待の大きさで重要度を考えたくなることが多いものです。

しかし、それ以上に**「そもそも解決可能なのか？」という視点でのチェックは欠かせません。**

夢や経営理念としてゴールを掲げるのはもちろん否定しません。ですが、解決不可能な問題に、大きな時間と資金を投じてしまい路頭に迷ってしまった、という事例は

驚くほど多いのです。

たとえば、小学生の算数の悩みで一番多いのは、「図形」と「数え上げ」が苦手というものです。この2つの分野のための参考書が山ほどあります。

受験直前期にこの2分野のためだけに個別指導をしてほしいという要望は、私の教室にも、そして世の中の家庭教師のみなさんへも非常に多いのです。

でも、現実的にはこの2分野というのは、他の単元のように「得意だ」というレベルに持っていくには難しいのです。不可能に近いと言えます。

なぜなら、小学生レベルでは検算が不可能なものがほとんどだからです。実際、塾の先生であっても、この2分野に関しては確実に答えを出すというのは難しいでしょう。模範解答作成でもミスが多い分野です。

方程式で確認ができたり、出てきた答えを文章に当てはめて確認できるような問題とはそもそも性質が違うのです。

この分野に莫大《ばくだい》な時間を費やしてしまうことは、事前準備としても、本番中の優先順位としても良い判断とは言えません。例題を2問見てみましょう。

数え上げの例題です。
下の図を見てください。

同じ道を通らずに、３つの点を通って、A地点に戻る方法は何通りあるでしょうか。

次に、つるかめ算の例題です。

50円と80円の切手が合わせて10枚あります。合計で６８０円です。それぞれの切手は各々何枚ずつあるでしょうか。

数え上げの問題では、出てきた答えが本当に合っているのかの確認は難しいのです。
しかし、2問目では、出てきた答えを文章題に当てはめると確認が可能です。

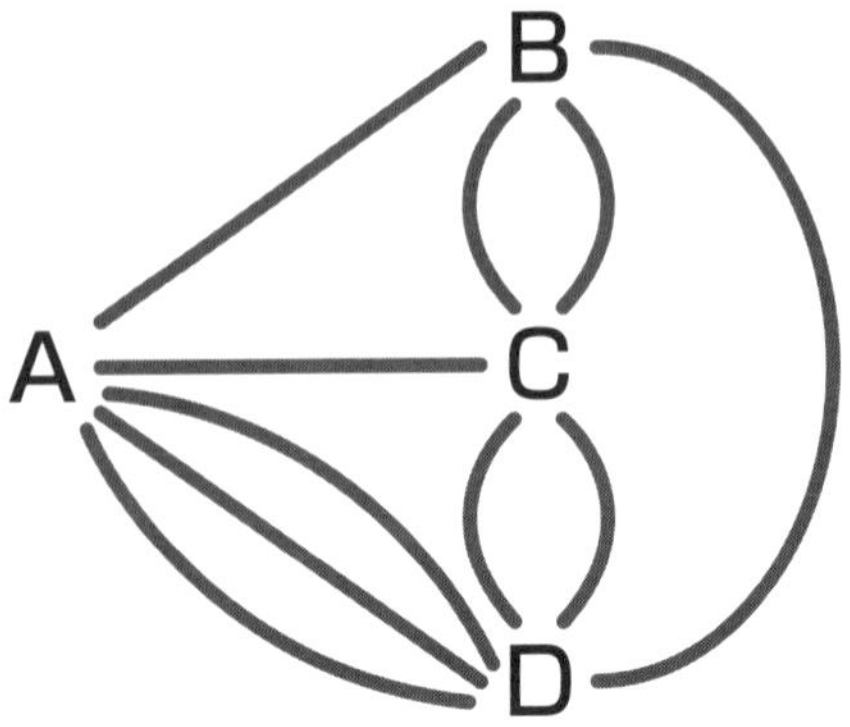

数え上げは、「気づく」能力が問われていますが、２問目は手順をしっかり踏んでいるかが問われています。

数え上げや図形は、「完璧《かんぺき》な対策をする」ことがほぼ不可能な分野なのです。

実際のビジネスや政治の世界でも、「他社に負けない新製品を継続的に生み出すクリエイティブな組織」や「マーク・ザッカーバーグのような天才を生み出す教育システムの構築」といった、もし解決すれば夢のような効果がありそうな問題を設定してしまう例があります。しかし、現実的にほぼ不可能な夢物語であることは明らかでしょう。

一般的に**「オンリーワンのひらめき」を生み出すことで、すべてを解決するというのは問題設定としては非現実的**です。

それを解決しますという案は、「大ヒット商品を生み出す手法」と似ていてかなりオカルトに近いものであることが多いのです。こういうことを紹介する本も、大ヒットした商品を後から分析したものであることが少なくありません。

芸術的なヒットを仕組み的に生み出すことは、少なくとも今の段階では「解決できない問題」に分類しておくことが無難でしょう。

たとえば、ビジネスの世界で有名な「解決できない問題」のひとつとして「プライシング」、つまり「いくらなら売れるのか？」という問題があります。

たとえば、東京の新宿区にはかなりの数の電器店が並んでいます。同じ屋号で、○号館などと分かれて、同じものを並べていたりします。そんな状況の中で、一体いくらにすれば売れるのでしょうか。

その日、一番安い価格なら売れるのでしょうか。実はそうでもないことがわかっています。

ネット販売を含め、自動でデータを集めて「最安価格」を見つけ出すことは可能ですが、それは「最も売れる価格」ではないのが現状なのです。

ネット販売の世界ですら、有名な価格比較サイトで「最安値」の店が売り上げが最も良いわけではないという結果です。

目の前に来たお客さんの様子をうかがいながらの、販売員のある意味芸術的な話術で決まっている部分が大きいのです。

もちろん、この芸術的スキルを分析し、汎用化《はんようか》できれば大きな進歩ですが、なかなか難しいでしょう。

このように、現状では解決が難しいと考えられている問題に、大きな時間と資本を割くのは避けたほうがいいのです。

▼都合の良すぎるグッドストーリーが必要な問題は避ける

あまりにも**都合のいいグッドストーリーに立脚してしまっているような問題も同様に危険**です。

グッドストーリーとは、ゴールに行き着くまでにいくつかの幸運を当然のように想定してしまっているものです。

「大手より先にこの製品を出し、大手の反撃もなく、大手の物を買っていたお客さんがその商品を正当に評価して、全員が鞍替《くらが》えしてくれる」

だから、この新製品開発プロジェクトには引き続き大きな投資を続けるべきだ。

「新製品開発」には時間もコストも、そして何よりスキルも必要です。よって、開発自体に莫大な労力がかかります。

しかし、「新製品開発」自体は企業の問題設定としては正しくありません。そもそも

「市場を創る」「市場に受け入れられる」、そして「利益も上げる」が目的だからです。

いつの間にかそこへの意識が低くなってしまうことは、ものづくり企業では頻繁《ひんぱん》に起こりうるのです。

冷静になって「大手より先にこの製品を出し、大手の反撃もなく、大手の物を買っていたお客さんがその商品を正当に評価して全員が鞍替《くらが》えしてくれる」ことがどれくらいの確率なのかを考えなくてはいけません。

たとえば、

- 同様の製品を出すのに大手ならどれくらいの時間がかかるか
- 大手はどれくらいのプライシングが可能か
- 大手の顧客の忠誠度はどの程度か
- バッドストーリーに耐えられる施策《しさく》や資金はあるか

ということは、検討したいところです。

私は経営コンサルタント時代に、「日本メーカーが高価格商品をそろえている市場に低価格商品で参入したい」というベンチャー企業に関わったことがあります。

でも、ここで述べたような点から、企業がその製品によって継続するのは難しいと判断していました。

やはり大手企業は体力があるので、価格競争が始まったら先に力尽きるのはベンチャーのほうです。さらに、日本人の老舗《しにせ》メーカーへの忠誠度はこれまで同様の方針で新規参入してきた製品の不振からも明らかだったのです。

ひとつの製品にとどまらず、「大手が高品質高価格で並べている製品群に対して、中品質、もしくは同等の品質で低価格を後発としてぶつけていく」というのならありうる方針です。

ＦＵＮＡＩはその好例でしょうが、この企業は最初の製品以降のプランがありませんでした。社運を賭けた新製品発売から数年で行き詰まってしまったのです。

発売を発表した瞬間には、「これだけの機能の製品を、こんな低価格で実現したベンチャー」とメディアに取り上げられましたが、大手製品の低価格化は数年どころか数カ月で始まりました。

そして、顧客は多少高くても有名企業の製品を選ぶという結果でした。

継続的に売り上げを伸ばす計画が、あまりにも自分たちに都合のいいグッドストーリーの上に立てられたものだったのです。

2　すべてを解かず、優先順位を付けると波及効果が生まれる

▼AとBを行き来すれば「あれもこれも」の罠にハマらない

あなたがある問題を解決しようとするとき、まず取り組まなければいけないのが「あれもこれも」という雑然とした状況をシンプルに整理することです。

問題設定に慣れていない状態では、ある問題を解決しようとし始めると、いろいろな問題が目についてしまいます。

様々な立場の人が、「これこそが大事だ」と主張することもあるでしょう。なんとなくすべてが重要な気がしてきます。

しかし、それらすべてを解決することは難しいのです。もしできたとしても、時間がかかります。

５つの問題を同時に5年間かけて解決するよりも、1年にひとつずつ解決していくほうが効果が高いでしょう。

なぜなら、**ひとつ解決することで良い波及効果が生まれ、残りの４つについていくらか好転することがある**からです。

また、５年間のうちに周りの環境も、自分の状態も変化するので解決すべき問題や目的が変化してしまうこともありえます。よって、うまく問題を選んで集中的に取り組むことが大切なのです。

足立区のおいしい給食のように、様々な問題の中から効率良く、つまり少ない投資で大きな効果を上げられる問題を抽出して、しっかりやり切るのが良い問題設定なのです。

ある問題を扱うとき、我々は「どうやったら解決できるのか」について集中的に考えるのが普通だと思いがちです。

しかし、それ以上に「どれくらいの時間的・金銭的投資が必要か」といった視点で問題を評価し、その問題自体を「今、とりかかるべきものなのか？」と判断しなくてはいけません。

もちろん、「最も良い問題設定」はどれなのか？　を判断することは不可能です。しかし、常にこの視点で目の前の問題を検証することで、大きな失敗を避ける工夫を怠《おこた》ってはいけません。

先ほどの「そもそも解決できないような問題」に、時間と労力をかけてしまったというのは絶対に避けたいことです。

A　とりかかるべき問題をいくつか抽出する

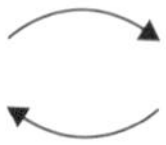

B　優先順位をつけてしぼり込む

私たちは、AとBの作業を常に行き来して、「より効果的な問題に取り組んでいるか？」を確認していく必要があります。

▼問題の「ツボ」を見つけるカギは〝簡単〟〝短期〟

たとえば、ある小学生が「算数の成績を上げたい」という目標から、

- 計算ミスを減らす
- 図形の問題を得意にする
- 文章題をできるようにする
- ケアレスミスを減らす

といった問題を考えたとします。

これら全部に同時に取り組んでいたら、いつの間にか試験の日になってしまうでしょう。

しかし、ここで優先順位を考えて、

「計算ミスを減らす」

という問題に注力して、短期間で克服できたとします。

すると、計算ミスをしていた分だけ点数が上昇します。さらに、計算力が高まったことで、文章題において文章を読むことに集中できるようになり、得点率が高まるこ

とがあります。これこそ、表面的には多く見えた問題の「ツボ」だったのです。

- 時間的制約がある中で確実に効果を積み上げる
- ひとつの問題解決から良い効果が生まれる

という意味で優先順位付けがうまくいった例です。

もちろん、「計算ミスを減らす」という作業に取り組みつつも、常に「新しい問題は発見できないか?」、つまり「より効果的な問題にスイッチすることは可能か?」という視点は忘れてはいけません。

ただ、途中での問題変更は、心理的にも物理的にも、そして組織の論理的にもなかなか難しいものです。

ですから、まだ慣れないうちは、問題設定の優先順位として

「簡単に取り組めて、小さくても短期間で効果が出るもの」

という項目を高くしておくことは、効率的であると言えます。

▼「モレなくダブりなく」に、こだわりすぎなくていい

問題設定の大事さについて、失敗事例を挙げてみましたが、実際に「完璧な」問題設定などというものは誰にもわかりません。

一見うまくいった問題設定でも、他にもっと良い問題設定があったかもしれません。

こう言ってはなんですが、**問題設定の精度や質にこだわりすぎて、足踏みしていたら大事な機会を逃してしまう**ということもあります。

問題設定の誤りについて散々脅かしてしまいましたが、完璧など存在しないからこそ、逆に肩肘《かたひじ》張《は》らずに「問題設定って怖いものではない」ということを理解してもらいたいと思います。

意識してチェックを入れたり、この本で紹介する手順を踏んだりすることで、全く意識しなかった場合と比べれば大きな違い、つまり危機回避が実現するはずです。

「モレなくダブりなく」という言葉は、ロジカルシンキングでは絶対的な教典のように扱われています。

しかし、「モレなくダブりなく」を実現するまでは動いてはいけない、ということではありません。「モレなくダブりなく」と「時間・コスト」は、常に天秤《てんびん》にかけられているものです。

▼〝実行〟よりも「捨てること」が難しい

問題設定の能力では、「これをやったら良いのではないか？」ということに気づいて実行するよりも、「これは後回しにしよう」「これには手を出さない」「ここで切り上げよう」という捨てたり、撤退することのほうが難しいものです。

「モレなくダブりなく」を目指してじっと作業していると、なんとなく仕事をしている気分になりがちですし、周りへの言い訳にもなりそうです。

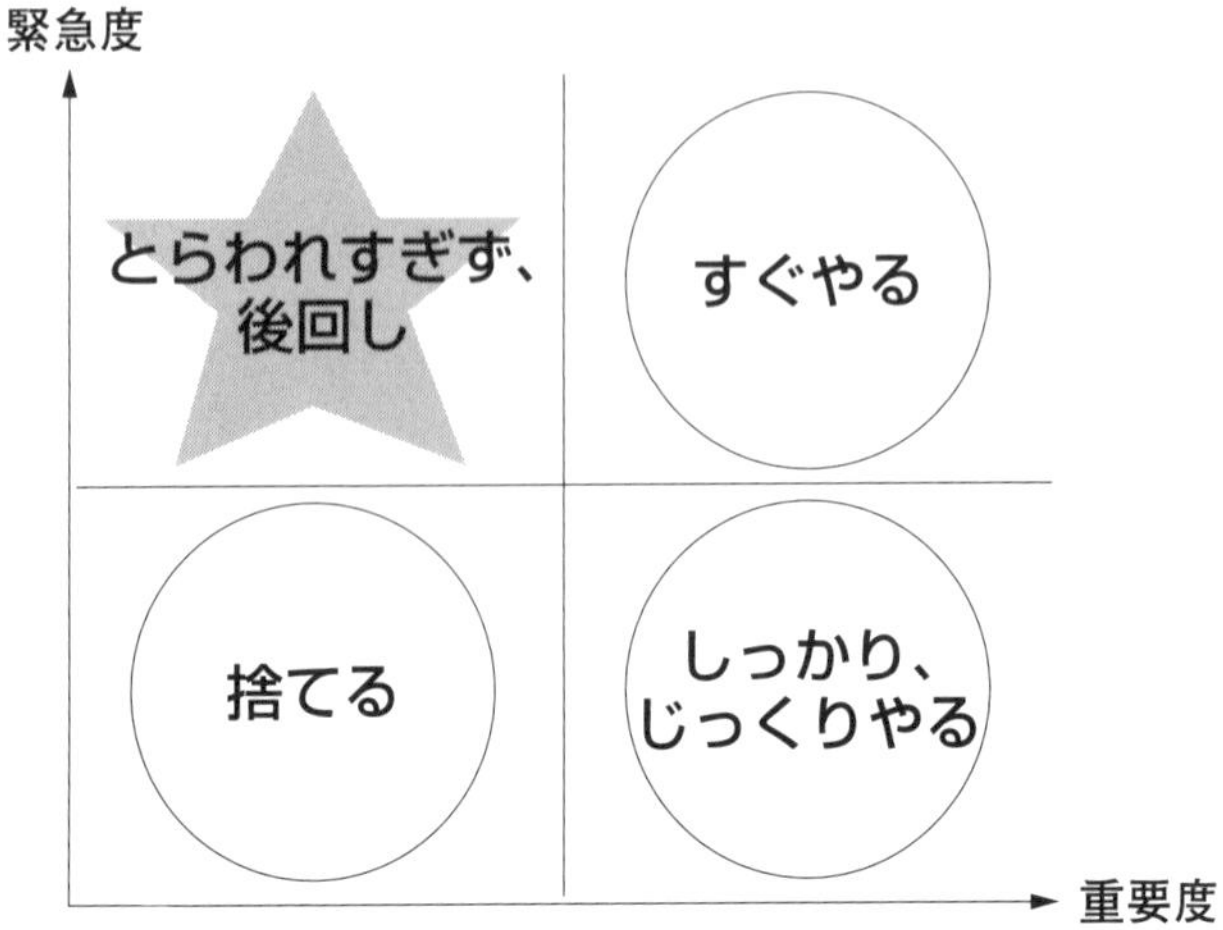

しかし、それにより時間というコストを払い続けていることに注意してください。

ですから、「モレなくダブりなく」も、あくまで限度のあるチェック項目として意識すべきものなのです。

私は、小学生から高校生までの学習指導に関わっていますが、特に受験を迎える生徒、保護者に伝えていることがあります。

それは、受験で学ぶべきは、ゴールに対して自分の現状の能力と期限を考えながら勉強計画を立てること。特に、**何を後回しにして、何をやらないかを判断する力を養うのが大切だということです。**

これは、ここまで申し上げた通り、社会に出て最も重要になる能力のひとつだと言えるからです。

ですから、「合格すればいい」ということで能力診断から学習計画まで、他人（つまり学校や塾）に丸投げしているようでは全くの時間のムダだということです。

もちろん、理想論で「あれもこれも」とすべてを均等にやるということは、実はものをあまり考えていない、筋の良くない戦略なのです。

第２章のポイント

解決できるかどうかにこだわる。

「モレなくダブりなく」の追求はほどほどに。

第3章

それは本当に「問題」なのか？

「問題」と「現象」の違いを知ることで根本解決が近づく

1 「現象」は、たとえ解消しても再び現れてしまう

▼「現象」とは？

良い問題とは、解決した結果「効果が出る」問題です。効果が大きければ大きいほど良いと言えます。ここでは逆説的に、「どのような問題が良くない問題か」を考えることで、「良い問題」を理解してみましょう。

ポイントはひとつです。

「〝現象〟を〝問題〟と捉えてはいけない」ということです。

「現象」とは、「問題」から発生している表面的な出来事のことです。

これを解消しても「問題」が残っているために、再び同じような現象が発生したり、違うところに現れたりするものです。

たとえば、「駅前の違法駐車」を考えてみましょう。

駅前に違法駐車が多いというのは、駅の利用者や緊急車両にとって大きな迷惑です。

しかし、「駅前の違法駐車」というのは本質的な問題ではなく、あくまで現象にすぎません。

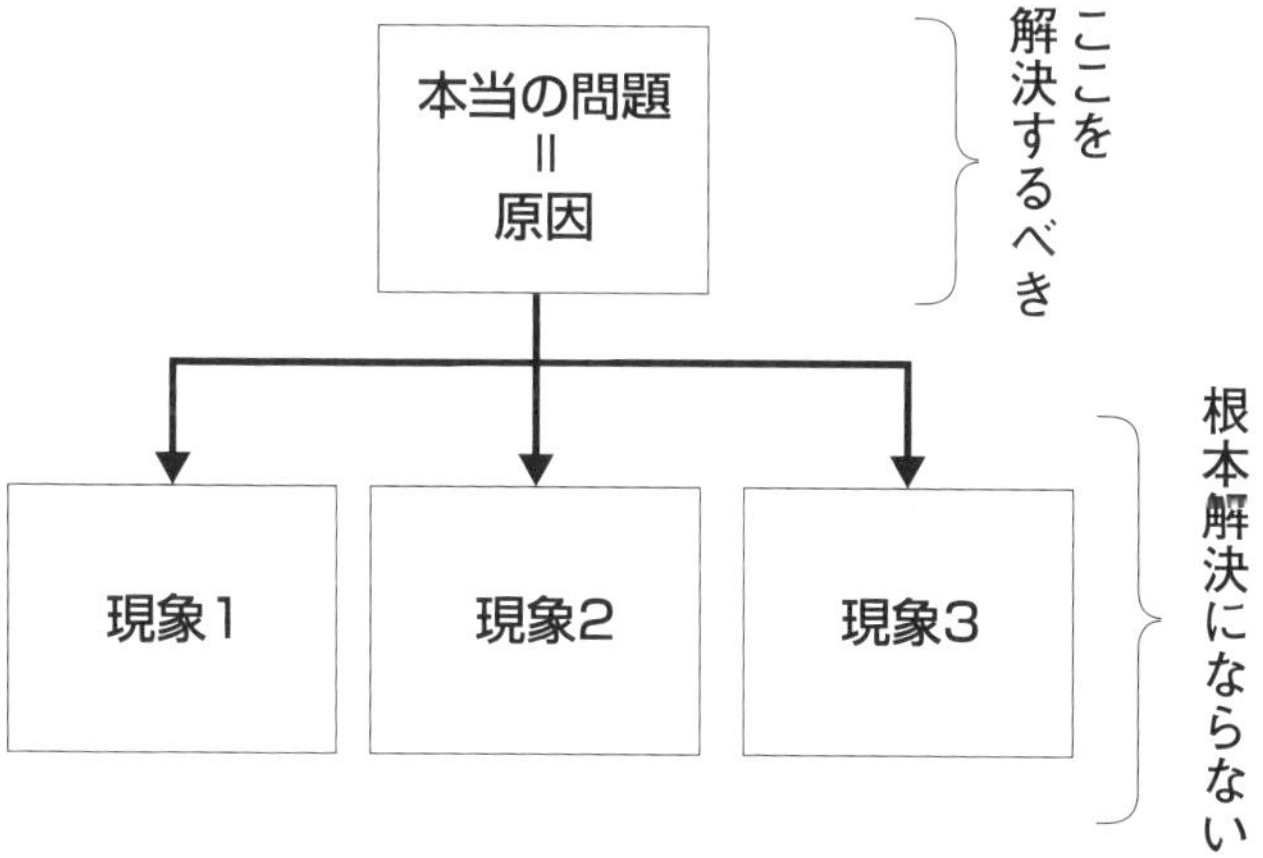

なぜなら、「駅前の違法駐車」をなくすために警察の取り締まりを強化したとしても、

- 駅周辺に駐車スペースがない
- 駅までの公共交通機関のアクセスが悪い

といった本質的な問題が解決されない限り、

- 取り締まりをかいくぐった違法駐車の発生

が必ず「再び」発生するからです。

さらに言えば、違法駐車を徹底すると、駅を使うことが困難な人が生まれたり、駅前の商店街が経済的な打撃を受けたりという別の問題も現れたりするでしょう。

このように「現象」は、たとえそれを解消しようと取り組んだところで、効果が少なかったり、全くなかったりするものです。

ここで、一歩思考を深めて本質的な問題である、

- 駅周辺に駐車スペースがない
- 駅までの公共交通機関のアクセスが悪い

ということを解決できれば、「駅前の違法駐車」は解消され、副産物としての他の問題の発生も抑えられるのです。

▼「なぜ？」は、本質的な問題をあぶり出すために使うと便利

現象から問題へと深化していくには、「なぜ？」を繰り返すしかありません。「なぜ、違法駐車が多いのか？」と問うのです。

そこで、「駅周辺に駐車場が少ない」という問題が見つかったのなら、「増やせるのか？」、増やせないのなら「なぜ、増やせないのか？」を考えていくのです。

増やせないのが、土地の少なさに起因していて解決が不可能に近いのであれば

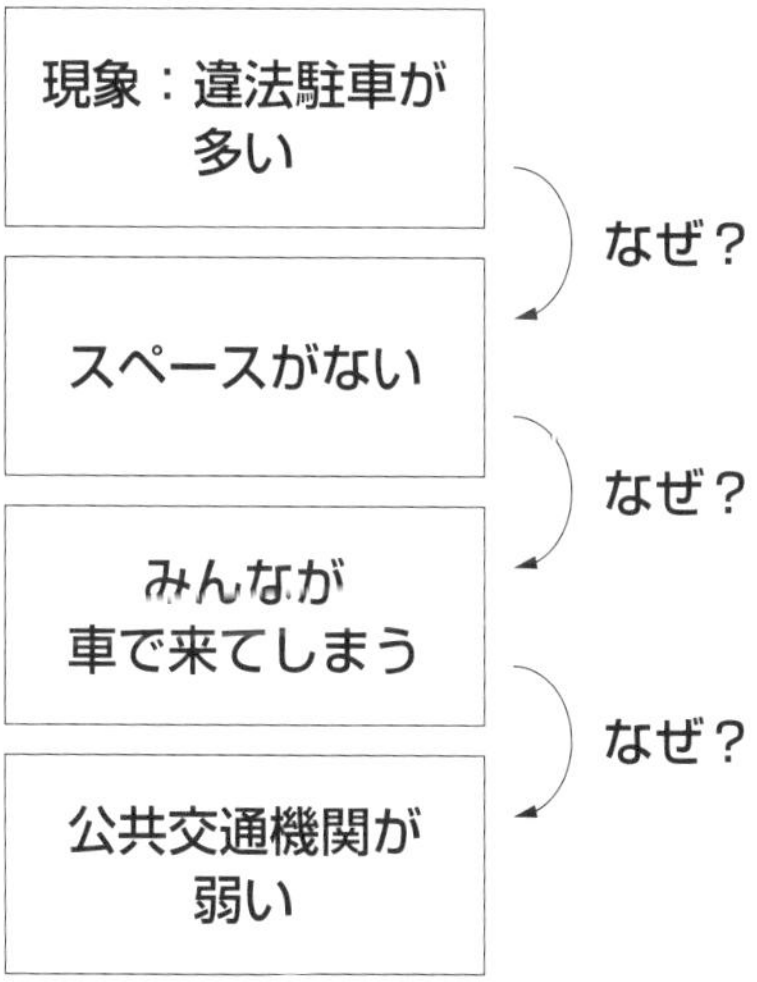

撤退です。別の「公共交通機関のアクセス」で、解決を試みるのが方針となるでしょう。

現象から一段深化させて、「問題発見！」とならず、常に「それは問題か？　現象ではないのか？」と考える習慣を持つことが大切です。

駅前の駐車違反も「駅周辺に駐車スペースがないからだ」と問題設定しても、そこで「なぜ？」と考えることを忘れてはいけません。

そこからさらに本質的な「駅周辺の土地不足」といった問題が潜んでいるかもしれないからです。

▼現象にとらわれると〝打ち手が逆効果〟になってしまう？

本質的な問題設定ができなかったことで、打ち手が完全に悪影響になるという悲劇的な話もあります。

成績が伸び悩んでいる小学生に対して、勉強が得意だった保護者の方が非常に細かい対応策を考えていらっしゃいました。

テストで成績が悪かった部分をすべてチェックして、類似の問題を多数用意し、徹底的に演習していくスケジュールでした。

保護者の方は勉強が得意だったので、「こうすれば理解できる」という経験があるゆえに、問題の選び方も復習スケジュールもかなりしっかりとしたものでした。

しかし、この対策で勉強を続けても全く効果が上がらなかったのです。

小学生の場合よくあるのですが、「成績が悪い＝理解度が低い」という図式が成り立っていないことが多いのです。この生徒の場合も同様でした。

本人に話を聞いてみると、

- 自分の好きな科目の勉強をしたいのに、他の勉強ばかりさせられてやる気が出ない
- 精神的に疲れてきた

と教えてくれました。

たしかにこの生徒は理科の授業の理解度は高く、講師の評判も上々です。テストの結果も良いのです。

しかし、中学受験のための模擬試験となると理科の配点は低く、保護者の方はどうしても配点の高い算数や国語などの失点に目がいってしまうがゆえの対応策になって

いたのです。

- 精神的な疲労を取り除く

というのは、小学生の成績において、実はかなり大きな要素になります。

なぜなら、小学生レベルの場合、各科目特有の知識以上に基本となる「読解力」や「論理的な思考力」が問われていることが多いからです。

つまり、ある科目で身につけた説明文や問題文を正確に読み取る力や、論理的に推論する力は他教科にしっかりと波及するものなのです。

この生徒は、

- 自分の好きな理科について、塾のテキストレベルを超えて学ぶ

という本人の希望を、講師と保護者のサポートで進めることにしました。

すると、自分で参考書を読む機会が増えたことで、国語の説明文の読解力も飛躍的に伸びました。さらに、理科の勉強で使う算数や数学の知識が身について、しっかりと波及効果が出てきたのです。

理科の勉強で「自分で学ぶ」技術が身について、さらに「できないことが、できるようになる」ことの成功体験を得ることで、他の科目への興味や苦手への前向きな姿

勢にもつながったのです。

これは、テストの成績が悪いという現象から「なぜ？」を掘り下げずに、「理解させるために苦手分野の指導を増やす」という打ち手を行なったことで、**本質的な問題であった生徒の精神的な疲労をさらに悪化させてしまっていた、という非常に危険な事例**だと言えます。

2 「現象」の事例

▼「定時で強制退社」が残業減少につながらない理由

日本では、定期的に「残業の多さ」が問題になります。

毎回、ほとんど同じような事件が発生して、同じようなかけ声で「残業をなくして、人間らしい働き方を実現させよう」という空気がつくられます。

しかし、結局同じような問題が発生するのです。これも、**「残業が多い」という現象について全く深掘りしていないゆえに、本質的な問題はしっかり残ったままというのが原因**だと言えます。

残業を減らすために、定時で強制退社というのは「残業が多い」というのを「現象」

として捉えたときの対処です。毎度「強制的な消灯」や「上司の評価と結びつける」といった策がとられています。

しかし、私たちは「なぜ、残業が多いのか？」を考える必要があるのです。

- やるべき仕事が所定勤務時間に比べて多すぎる
- 顧客とのやりとりで待たされる時間が長すぎる
- 顧客からの発注が、所定勤務時間後になるようなシステムになっている
- 残業代を含めないと給料が低すぎるので、わざと居残りしている

このように、「なぜ？」という問いかけによって、より本質的な問題が見えてきます。

残業を減らすために、定時で強制退社という施策を実施しても、これらの問題が解決されていない限り、再びどこかに問題が出てくるのは目に見えています。

あなたも、これらの問題に対してそれぞれ打ち手が変わってくることがわかるはずです。

ここから、「やるべき仕事が所定勤務時間に比べて多すぎる」という点に着目したとします。

さらに「なぜ？」を考えていきます。すると、たとえば、

- 「待ち」などの仕事が進まない時間が多い
- 効率的に業務を進めることのできる機材が導入されていない
- 外部発注が効率的なのにうまく活用できていない
- 余剰人員のあるところと人員が足りないところがあり、バランスが悪い

といったさらなる問題が見えてきます。

そうすると、

- 機材や外部発注システムの導入

や、

- 人員配置の見直し

といった抜本的な打ち手が見えてくるのです。

では、

- 残業代を含めないと給料が低すぎるので、わざと居残りしている

という問題についてはどうでしょうか。

これは実は、残業問題についてインタビュー調査をすると、非常に大きな割合を占

めている回答です。

ただし、解決策はシンプルだと言われています。企業側には、残業代を含めた人件費を払う余裕があるのが現状ですから、そこまでを含めて基本給としてしまえば良いのです。

そうすることで「生活に困らないだけの給料が実現」し、さらに同じ給料ならば所定勤務時間内に終わらせるほうが得ですから残業も減ります。

これは、なぜ実現しないのでしょうか？

ここには、

- 本当に仕事が終わらずに残業している人への対応が含まれていないことがあります。

集中すれば所定勤務時間内に収められる仕事と、それを超えてしまう仕事をどのように判定するのかが問題なのです。

「一生懸命やっても発生した残業には、残業代を払います」というのでは、元に戻ってしまうことはあなたもすぐにお気づきのはずです。

さらに、

●同じ仕事なら、残業してでもダラダラと取り組みたい

という人が実はかなりの数います。

●短時間でやるべきことを集中してこなして、私生活も大事にする

という大きな目標に対して、実は、

●会社の中で仕事だったり、ムダなおしゃべりをして、長時間ダラダラ生きていきたい

というニーズがあるのです。かつてはむしろ、こちらが多数派だったと言えるでしょう。

「残業」に対する意識が違う人々が、同じ会社で働いているので、どちらかに与《くみ》

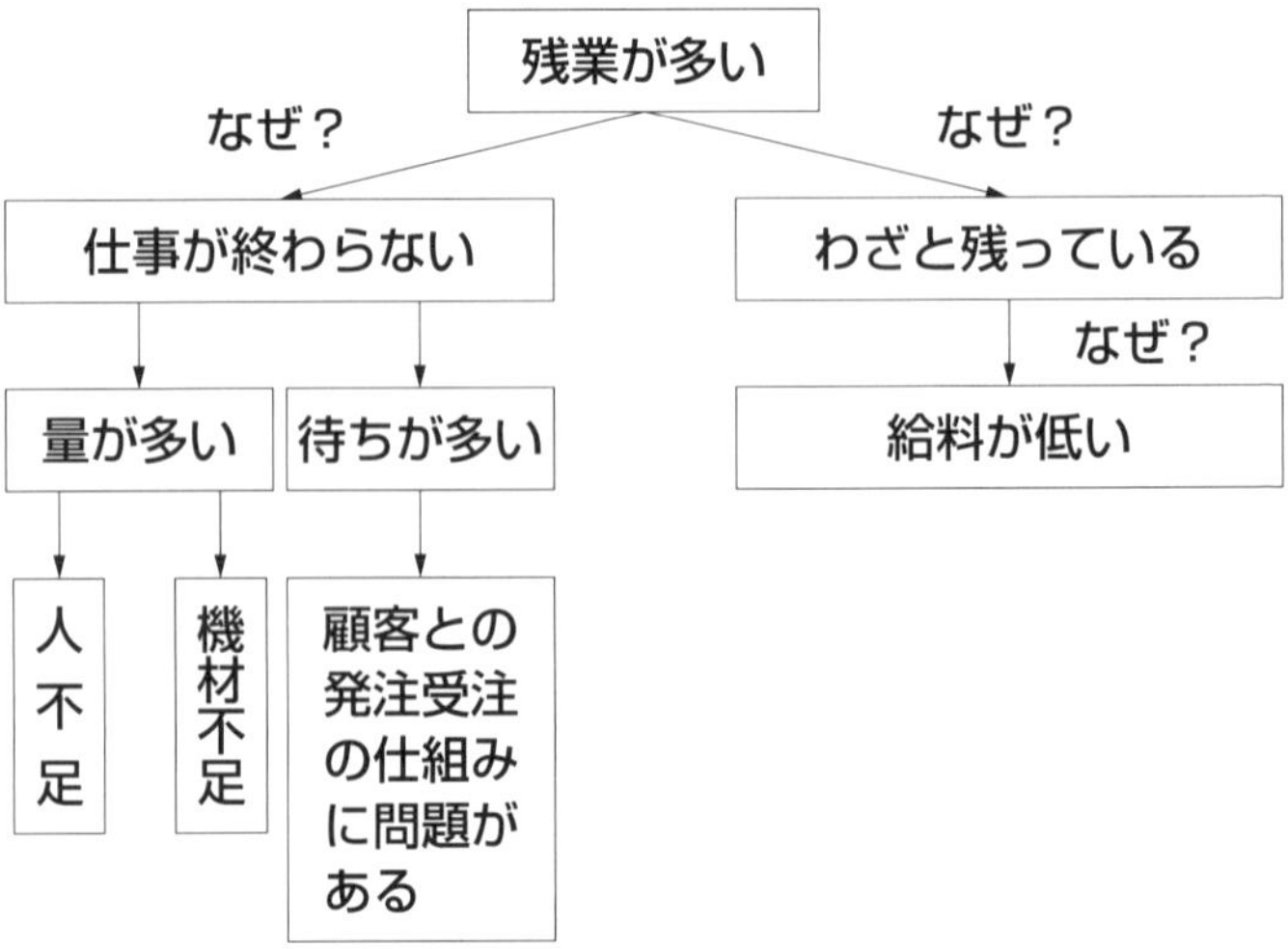

した打ち手を考えても、どちらかに不満が残るというのが現状です。

残業がなくなるように徹底的に効率化して、毎日定時に帰ることができるようになった企業では、「なんだか寂しい」という声が上がるものです。

このように、表面的に残業時間を減らすという打ち手は、残業時間が多いということを現象としてしか捉えていないことがわかります。

▼なぜ、体罰はなくならないのか？

「指導者による体罰」が世間を騒がせています。

この問題は「暴力はいけない！　禁止しろ！　罰しろ！」という声を上げているだけでは解決しないでしょう。様々なところで、毎日のように問題になっているのが現状です。

指導者が体罰を振るっているというのは、「現象」なのです。なんといっても、指導者の体罰が問題になるときには、必ず擁護《ようご》する声が上がっているのが証拠です。

つまり、指導者による体罰を生み出しているのは、より本質的な問題があるからなのです。

やはり、「なぜ？」を考える必要があります。

- 体罰をすると子供の能力が伸びている
- 体罰でしか対処できない問題がある
- 教師には、時に反射的に体罰に走ってしまう状況がある

たとえば、擁護論で挙げられる、

- 体罰でしか対処できない問題がある

を掘り下げてみましょう。

なぜ、体罰でしか対処できないのか？

これに対しては、

「指導者が体罰以外の指導をする能力がない」「コミュニケーションによる指導よりも、体罰による指導のほうが簡単である」といった原因が指摘されています。

では、

「体罰ではない、コミュニケーションによる指導を実現する能力を教師につけさせる」

という打ち手が考えられます。

しかし、これは相当大変です。

「先生」という権威のある立場の人間がこれまでの手法を否定して、新たな能力を身につけようと取り組むのは精神的に難しいのです。

何よりすさまじい数の教師に対して、「どのようにその能力を身につけさせるのか」という時間的、予算的、そして、その手法についても現実的ではないと言えるでしょう。

では、「現状、体罰でしか対処できない問題について、ある程度放置する」という打ち手も考えられます。これも、受け入れることが難しいようです。

●保護者が「厳しく指導してほしい」と訴える

●試合に勝てたのは、あの体罰で気合いが入ったからだ

こんな声が保護者や生徒のほうから聞こえるくらいですから、「負けるくらいなら」「だらしなくなるくらいなら」ということを天秤にかけて、体罰を選択しているとも言えるのです。

コミュニケーション能力の高い指導者の事例が共有され、それが普通になっていくという流れはもちろん期待したいところです。しかし、撲滅という目的を第一に考えるのであれば、

- 理由があれば、関係者が受け入れている

という体罰のなくならない理由に着目して、

- 法律的に禁止する

というのが最も効果的でしょう。

しかし、現状では「体罰でなければ対処できない問題」をどうするのかを同時に考える必要があります。

強かった部活が弱くなるくらいのことは、全体が同じ条件になれば問題にならないかもしれません。でも、生徒からの暴力など現場では抜き差しならない状況はいくらでも発生しています。

もし、「生徒に殴られても殴るな。それを受け入れるのが教師だ」ということになると、それこそコミュニケーション能力の高い人材は教育の現場から遠ざかっていくという悪循環になるはずです。

現象だけを見て、「問題だ！」「けしからん！」と騒ぐのは解決する気も責任もない外野のやることであって、問題解決者のとる行動ではありません。

▼「少子化」を〝少子化解消以外〟の手で対応してみる

連日、そして、長いこと国民的議題になっている「少子化」も同じように「現象」にのみとらわれている議論が多いものです。

「出生率が1・4は大変だ。どうにかして子供の数を増やそう」という議論ですが、人口を維持するために必要な2・07人に戻すのはどう考えても現実的ではありません。

なぜ、少子化が問題になっているのか？

を考える必要があります。

- 労働人口が減って高齢者を支えられなくなる

という議論が多いようですが、どこに「高齢者を支えるために子供をつくろう」という若者がいるのでしょうか。

「高齢者を支えられない」

という問題は、少子化のせいではなく「子供の数の恒久的《こうきゅうてき》な増加」という明らかに維持もコントロールも不可能なものの上に設計した社会保障制度の問題です。

一時的に発生した「人口の増加」という現象を勘違いしたものです。たとえるなら、氷河期にそれが永遠に続くと思って冷房施設のない国をつくったようなものです。

高齢者と高齢者予備軍の心配は「子供の数が少ない」ではなく、「自分の老後を支えてくれる国家予算が足りない」なのです。

ですから、**今の若者が納めた年金が、投資により数倍になりましたという状況になれば少子化議論は消えてなくなる**でしょう。

つまり「少子化」という現象から、「なぜ?」と進めることによって、

- 社会保障制度を支える財政基盤が失われる

という、本質的な問題が浮かび上がってくるのです。そうすると、「少子化対策」、つまり「生まれてくる子供の数を増やす」というのは、打ち手のひとつに過ぎないことがわかります。

財政基盤を支えるようにするには、

- 生まれてくる子供の数を増やす
- 人口減を補うくらい若者に稼いでもらう
- 移民で労働者人口を増やす

- ロボットで労働者人口（労働力）を増やす

という打ち手が考えられますし、支えるほうが貧弱ならば、支えられるほうを軽くするという打ち手もありえます。つまり、

- 高齢者の受益を減らす
- 「高齢者」を減らす

ということです。

最後の「高齢者を減らす」は物騒な話ではなく、70歳でも働いてもらって「高齢者」の定義を後ろにずらしていくという、現実的に進んでいる打ち手です。

日本の官僚はかなり優秀ですので、実際にこのような打ち手をすべて検討しています。

しかし、「子供を増やそう！」というのが一番実行不可能な気がしますが、政治的には一番耳あたりがいいかけ声なので、至るところで見聞きするのでしょう。

ちなみに、夫婦一組あたりの子供の数は2010年の調査で1.96人です。

「少子化」は、「結婚した夫婦が子供を産んで育てる環境がない」という問題だと考えている人は多いのですが、実は「結婚しない人が多い」ことが一番大きな要素になっています。

「少子化」によって様々な問題が生まれているかもしれませんが、それは「少子化の解消」とは別の解決策によって対応しても良いということが重要です。

目につきやすいのが「少子化」という問題なのですが、しっかりと本質的な問題を探ることで、より現実的で効果のある打ち手を検討することができるようになるのです。

私たちは、加齢によって様々な不具合が発生してくることがわかっています。しかし、そこで問題を「加齢を食い止める」などとしても全く実現不可能で、そこから発生する諸問題も解決しないと言っているようなものです。

▼TVCMをすれば、コンビニは商品を置いてくれるのか？

「モノが売れない」ときに、第一に考える打ち手はなんでしょうか。

多くの人が、そして、企業が考えるのが認知度を高めることです。「どのような見た目にすれば良いのか」「どのように広告を打つか」ということを考えるのです。

ある医薬品の売り上げが、長期にわたって低迷しているとします。

すると、「パッケージを刷新していこう」「ネーミングを、もっとわかりやすいものにしたほうがいいのではないか」「どのようなＣＭが消費者に届くのか」という議題の会議が繰り返されたり、外部から様々なクリエイターが招かれたりという打ち手が検討されます。

しかし、まず徹底的に考えるべきは、「なぜ、この商品の売り上げが低迷しているのか？」ということです。

本当に、認知度のせいなのでしょうか。

「商品のターゲットにしている消費者が縮小しているのではないか？」

「同様の医療品マーケット自体が縮小しているのではないか？」

という点を、しっかりと確認しなくてはいけません。

認知度を上げれば売れるというのは、どこかに消費者がいる場合です。競合と考えている製品は売れているのだろうか、などしっかりと調査しなくてはいけません。

もしマーケット自体が縮小しているのであれば、「認知度を上げる」「好印象を持たせるパッケージ」などの打ち手は的外れです。

撤退や投資資本の減少、つまり最低限の人的配置・資金配分での現状維持などが打ち手になってきます。

消費者向けの打ち手は、どうしても認知度を上げるという方向に問題設定が向いてしまいがちですが、やはり「なぜ?」を考えて根本解決することが必要です。

たとえば、コンビニエンスストアの商品群を考えてみましょう。

コンビニエンスストアでは、商品の売れ行きがかなり細かく管理・分析されています。コンビニ側は、売れるから棚に並べる。消費者は、コンビニに並んでいるから目にして購入するというサイクルになっています。

では、どうすればコンビニに置いてもらえるような、メジャーな商品になるのでしょうか。

ここでも残念ながら、多くの企業が広告以外のことを考えていません。TVや雑誌で盛大に広告を展開すれば、お客さんがコンビニに向かってくれる。そうすれば売れて、継続的にコンビニに置いてもらえる。こういうシナリオを描いているのです。

しかし、コンビニに行って見てみてください。TVなどの広告によって印象が残っている商品が、どれくらい置いてあるでしょうか。置かれていないものが驚くほど多いのです。

実際には、TVCMなどを展開していないにもかかわらず置かれている商品が山ほどあることがわかります。

携帯電話用のバッテリーのＴＶＣＭや、雑誌広告などは見たことがないはずです。しかし置いてあります。

コンビニエンスストアに並べてもらえないときに、ＴＶＣＭを展開して認知度を上げようという打ち手を考えるのは早計なのです。

打ち手の前にまずは、「なぜ置いてもらえないのか？」を考えなくてはいけません。

「ＴＶＣＭによる認知度が低い」という問題設定は、本当に正しいのかを考えるのです。

この点を、自らの思いつきや周りの空気からあまり考えずに、あたかも当然のように受け入れてしまっていることが多いのです。

ＴＶＣＭを展開しなくてもロングセラーとして扱われている商品がある以上、「ＴＶＣＭを展開していないのに置いてもらえている商品の理由」を調査すべきです。

原価の安さかもしれません。他の商品にはない機能かもしれません。奨励金など、コンビニが置きたくなるようなシステムの構築かもしれません。

「コンビニが自ら棚に並べたくなる要因とは何か」を探ることが、良い問題設定なのです。

「モノが売れない」という現象は、すぐに認知度・宣伝に結びつきがちです。しかし、「なぜ？」を繰り返せば、他にも検討すべき要因が出てくるものです。現象を見て、「なぜ？」を考えずに、そこから習慣的に導き出されている問題を当然のものとして受け入れ、すぐに打ち手の検討に入ってしまうという流れに陥っていないでしょうか。

悪い意味でのルーティンワークになっていないか、を確認する必要があります。

▼あいまいなサッカーの決定力不足——精度の高い「なぜなぜ分析」の使い方

スポーツ紙などでよく見かける、サッカーの「決定力不足」。これは、一体なんなのでしょうか？

得点が取れずに負けたときに使われるので、「得点力不足」に近いでしょう。しかし、サッカーは点をとり合うスポーツなので「得点力不足」というのは結果について状況を説明しているだけだとも言えます。

試験の点数の悪い生徒に対して「得点をとる力が足りないね」と言っているようなものです。

「決定力不足ですね！」「決定力不足が課題です！」というコメントは、まさに「得点が入っていない」という目の前の「現象」を表現しただけで、実は解決すべき問題を指摘しているとは言えないのです。

本来であれば、「なぜ、得点を決めることができないのか？」を考える必要があります。

少し掘り下げてみましょう。

「決定力がない」という表現は、ゴールに近いところまで運べるのに得点に結びついていない、という状況で使われることが多いものです。

ペナルティエリア付近までボールが運ばれ、最後にボールを持ったプレイヤーがシュートを決めるに至らないことを嘆いているのです。

では、なぜペナルティエリア近くにいるプレイヤーはボールをもらってもゴールを決められないのでしょうか。

- シュートを打つ気がない
- シュートを打つが枠に飛ばない

●最後のマークを外せない

それぞれに打ち手は違うでしょう。

●シュートを打つ気がない

ということは、日本人の気質と結び付いているところもあり、教育や環境の問題だと言えます。

「まずはシュート」という考え方は、「目立ちたがり屋」と捉えられ、幼い頃から否定的に指導されていることが多いようです。

また、指導者が「まずはシュート」と教えても、周りの選手や保護者などのつくり出す空気感がそれを抑え込んでいることも少なくありません。

もし、シュートを打つ回数を増やすことが、得点につながるというデータがあるのであれば、長い時間をかけて雰囲気づくりから始める必要があります。

観客である我々のつくり出している雰囲気も、「まずはシュート」を抑え込んでいる可能性もあります。

●シュートを打つが枠に飛ばない

これは技術の問題なので、トレーニング方法の改善が打ち手になります。

また、トレーニングの時間は有限なので、他の練習との割合を考える必要もあります。仲間としっかりパスを回すことが評価されやすい文化では、どうしてもシュートの練習がおろそかになりがちなのでしょう。

日本代表の外国人監督が「ノーマークでも枠に飛ばない」と嘆きながら、基本的なシュート練習を繰り返し行なわせていたのは印象的です。

●最後のマークを外せない

ペナルティエリア近くでボールを持っていても、そこにはまだマークがついていて防御されてしまう。

これは、最後にボールを持った選手の一対一のスキルの問題であるとも言えますし、そのような状態でしかボールを与えられないパスの供給側の問題であるとも言えます。

何度も何度も、フリーになったサイドからセンタリングを上げても、結局ペナルティエリア内にはしっかりと相手ディフェンスがそろっているので、パスが渡ってもどうしようもないというシーンは日本代表でよく見られました。

これも一対一のスキルトレーニングと、ボールを最後に供給するまでの動きのトレーニングの2つの視点から考える必要があります。

少し長くなってしまいましたが、このように現象だけを捉えて嘆いてみせるという発言は会議などでありがちです。

起きている現象については明らかなので、なんだか的確な発言をしているように感じるのですが、実は問題を前に進める役には立っていないのです。

「では、なぜそのようなことになっているのか?」という問いかけこそ、解決につながる問題設定の第一歩なのです。

▼上位の問題にたどり着ければ根本解決できる!

しつこいほど事例を紹介してきましたが、それほどまでに**「目の前で問題のように見えているものは、あくまで現象にすぎないのではないか?」**という視点を持つことは大事なのです。

本書でこの後説明していく深掘りの仕方やコツなども大事ですが、まずは「なぜ？」と考えるクセをつけることが「解決のための問題設定」の第一歩です。「なぜ？」と考えない人は、絶対に本質的な問題にたどり着けません。

現象に対する対症療法も重要な治療ではありますが、同時に根本治療もこなせる力を身につけたいと思っていただければこの章の目的は達成されたと言えます。

根本解決のためには上位の問題に取り組むべき

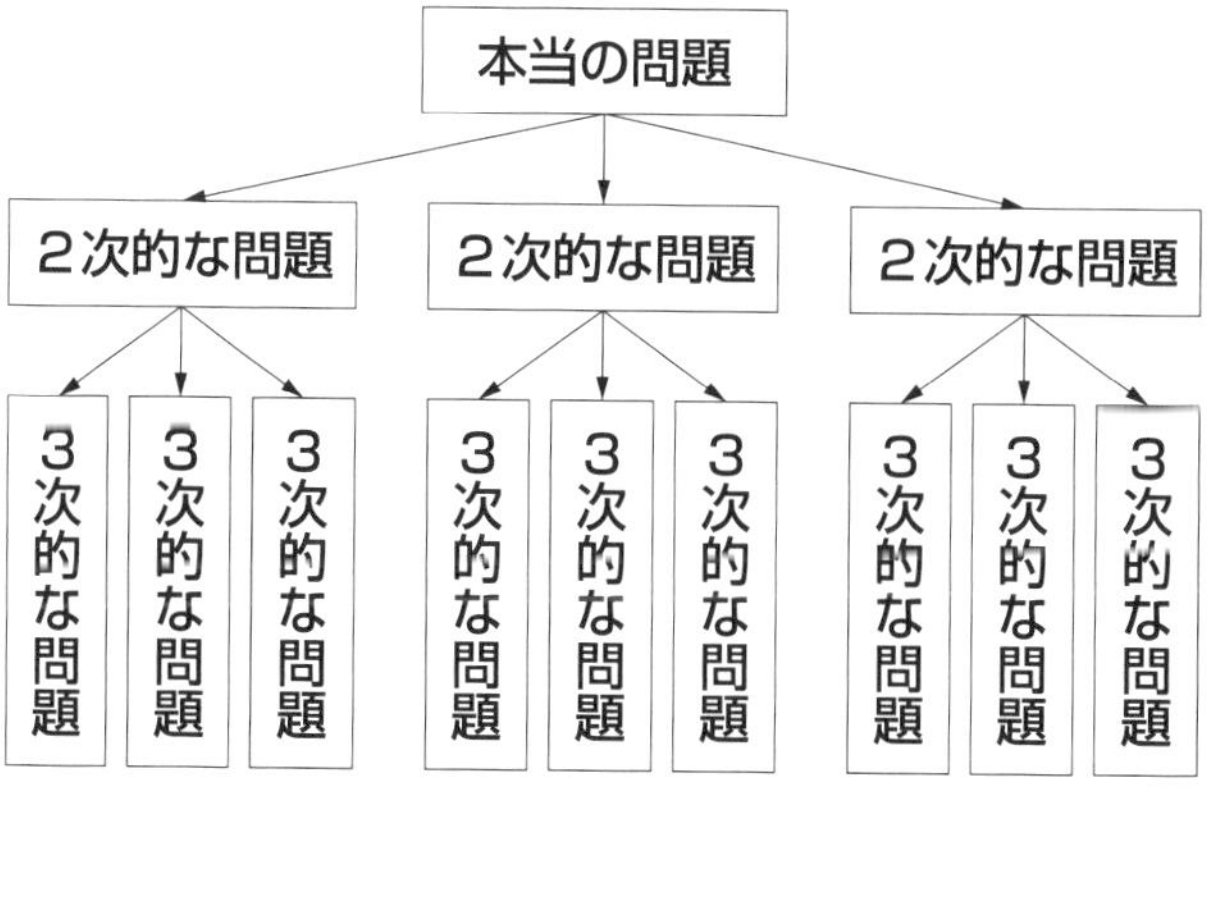

第３章のポイント

「現象」ではなく本質的な「問題」を探す。

目の前の出来事に飛びつかず、

「なぜ？」を繰り返して深掘りしよう。

第4章

【問題発見スキル1】ピックアップのためのチェックリスト「フレームワーク」

ベテランコンサルタントが
10年かけて身につけた
「思考の型」を短期間で学ぶ

1 フレームワークは先人たちの経験がつまったチェックリスト

▼〝センス良く〟問題をピックアップする感覚を養おう

まずは、真の問題の発見は、問題の候補をピックアップすることから始まります。

ベテランの医師であれば、目の前の患者の症状、つまり現象からどのような病気の原因が考えられるかという候補がいくつか挙げられます。そこから、本当の原因を突きとめるべく検査が始まり、治療方針が決まります。

あなたも目の前の現象から、まずは根本原因となっている問題の候補をピックアップできるようになりましょう。

ピックアップできなければ、検査、精査の対象にもならず、そして結果的に見逃しや重症化につながってしまいます。
「ベテランの医師であれば原因の候補がいくつか挙げられる」と書きましたが、**ここに問題設定の本質が込められています。**

まず、目の前の現象から本質的な原因を探っていくには、経験とスキルが必要であるということ。

そして、どんなに経験とスキルがあっても、完璧に原因を見つけ出すようなシステムは存在しないということです。

経験とスキルを、どのようにあなたは

問題設定のステップ

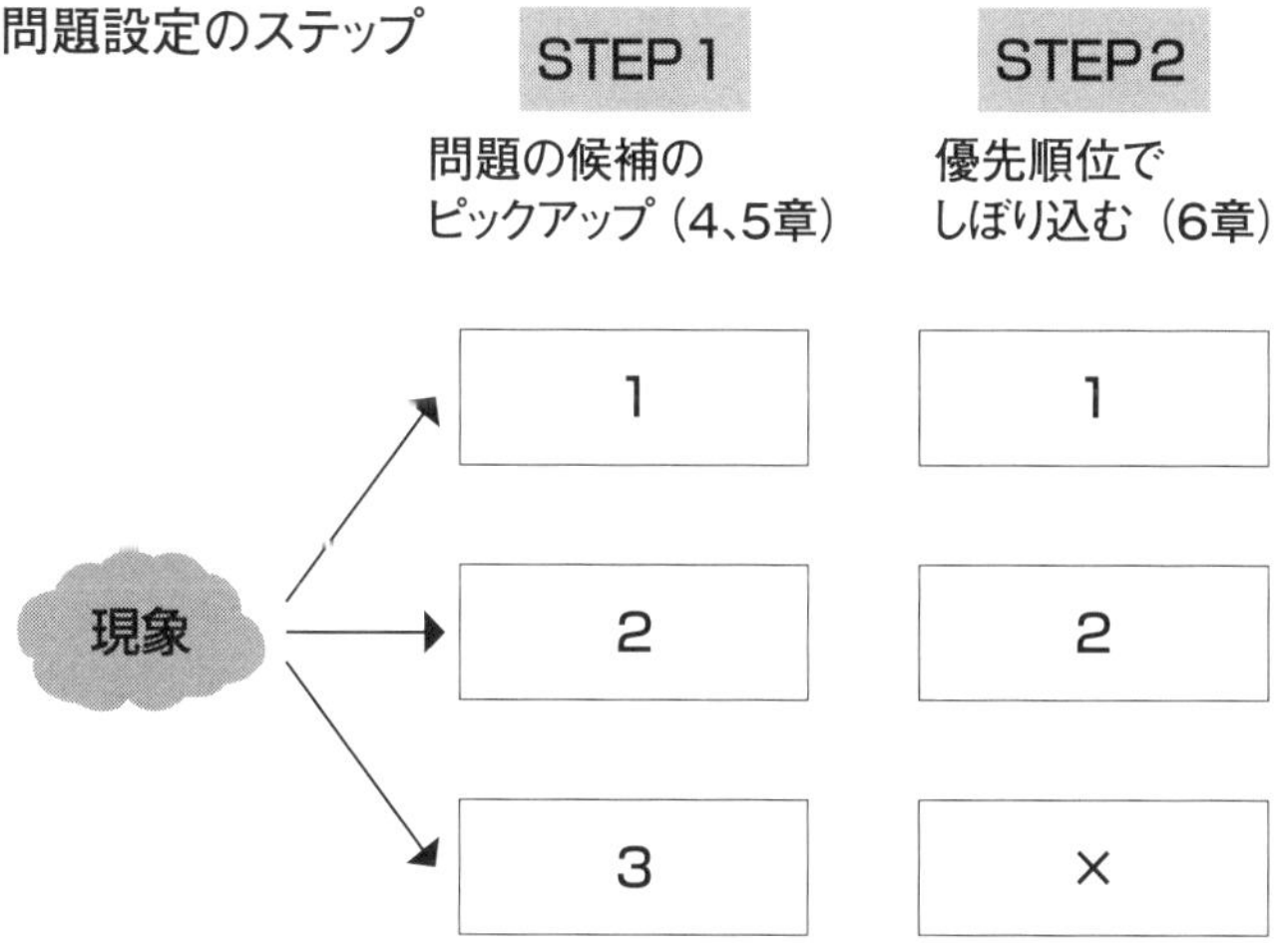

身につけていけばいいのでしょうか。

ここでは、ベテランのコンサルタントが使用している〝問題のチェックリスト〟である、「フレームワーク」という「経験」と呼ばれていたものを学びやすく、使いこなしやすい形にしたものを紹介していきます。

たとえば、私の主宰する学習教室でもベテランの講師であれば保護者や生徒を目の前にすれば「適切な質問」で情報を引き出し、「適切な推論」をし、「適切な検査」をして、「適切な処方」をしていきます。

しかし若手の場合は、この「適切さ」をある程度担保する手引きが必要なので、様々な「明文化された」マニュアルを用意してあげます。

それにより先輩たちが10年かかって身につけたものを、短期間で身につけられるのです。

一方、完璧な問題発見システムは存在しないという点については、2章でも言及した通り「完璧を求めて調査に足踏みしていては危険」という点を理解することも大切です。

次章にもつながりますが、ピックアップの作業には「完璧」よりも優先される「時間」

などの項目があるのです。

さらに、候補の中から「優先順位をつけてしぼり込む」という作業も発生します。

この章で学んだスキルを使って「効率良く」「完璧ではないかもしれないけれど、センス良く」問題候補をピックアップしていく感覚を養ってもらいたいと思います。

2　コンサルタントが使うフレームワークの事例集

▼5F——周りの現況を分解し、見落としがちな視点に気づく

たとえば、業績不振に悩むハンバーガーショップAについて考えてみましょう。

私たちは、反射的に「認知度アップ」といった打ち手に飛びつくようなことをしてはいけません。

ここまでで学んだ最も大切な作業である、「なぜ、業績不振なのか？」を考えるのです。

しかし、一般的にハンバーガーショップの業績を回復させたいとなると、やはり「競合ハンバーガーショップに比べて認知度が低い」ということが初心者的には最初で唯一思いつく問題でしょう。

ここで、チェックリストとしての「フレームワーク」が役に立ちます。

ここでは５Ｆｏｒｃｅｓ（ファイブフォース）と呼ばれるフレームワーク（以下５Ｆ）で問題の候補をピックアップしてみましょう。

５Ｆとは、「業界を取り巻く５つの勢力」についてチェックしてみましょうというものです。

１　既存の競合
２　材料の納品業者
３　顧客
４　新規参入業者
５　代わりの品物

の５つです。

１　既存の競合

「既存の競合」は、真っ先に思いつく項目です。「近所のBやCといったハンバーガーショップと比較して、認知度が低くないか？　味や値段はどうか？」といった問題点を考えるものです。

2　材料の納品業者

ハンバーガーの材料となる、肉やパンなどを安く仕入れることができるようになれば、現状のままでも利益は増えます。

納品業者との交渉は非常に重要です。大量購入による割引や、別の納品業者の選定などが考えられます。

3　顧客

文字通り、お客さんです。そもそも潜在的な人も含めて、お客さんの数は充分なのでしょうか。

また、それぞれのお客さんの購買能力は、ハンバーガーショップAを成り立たせるのに充分なものなのでしょうか。

欲しいものを差別化して提供できていれば、お客さんに対して強気の値段設定が可能です。それができていなければ、お客さんに対する価格交渉力は低くなります。

顧客の能力や、顧客と自分自身の力関係が検討要素になります。

4　新規参入業者

既存のハンバーガーショップにはないような、健康志向のハンバーガーショップや高級路線のハンバーガーショップが次々とオープンしています。

顧客の心をつかんでいるようであれば、後発であっても類似品で対応したり、別ブランドで同様のショップをオープンしたりする手が考えられます。

5　代わりの品物

お客さんの食事代を争っているのは、なにも近くのハンバーガーショップだけではありません。

健康志向が強まったことで、和食のレストランがライバルになっているかもしれません。そもそも、外食が減っていて家庭料理がライバルかもしれません。

スーパーマーケットに卸すことで、家庭のテーブルに並ぶことを目指すことも考えられます。

このように、「なぜ、ハンバーガーショップAの業績が不振なのか？」を考えるとき、このフレームワークを使うと見落としがちな5つの視点から問題候補をピックアップすることができるのです。

これは、マイケルポーターという大学教授が開発したものです。ベテランのコンサルタントやハンバーガーショップ経営者であればぱっと思いつくのかもしれません。

業界未経験者などは、こういったチェッ

クリストを利用することで考えのモレが少なく、また素早く確認することができるのです。

▼SWOT――「状況」と「要因」をかけ合わせると問題を発見しやすい

次は、SWOTというフレームワークを紹介します。

これは自社の、

1　強み
2　弱み

外部要因の、

3　良い機会
4　脅威

についてチェックするものです。

たとえば、先ほどのハンバーガーショップAで考えてみましょう。

1　自社の強み

店舗が多いので仕入れが低コスト。認知度が高い。

2　自社の弱み

味への満足度が高くない。カフェメニューが充実していない。

3　外部要因の良い機会

働く人が増えて、外食ニーズが増えている。淹《い》れたコーヒーのブーム。

4　外部要因の脅威

フードの充実したカフェのオープン。

強みに関しては、他社と比較して本当に強みだと言えるのかを確認しなくてはいけません。

このチェックリストは、それぞれの項目について調査をして把握するために役立つのはもちろんですが、**自社の状況と外部要因をかけ合わせた形で問題を見つけることにつながります。**

つまり、

「自社の強みを、外部要因の良い機会に対してうまく使えているのか?」

や、

「自社の弱みが外部要因の脅威によって、さらに傷口が広がっていないか?」

といった問題です。

このハンバーガーショップで言えば、

「低コストで淹れたてのコーヒーを提供できないか?」

という、強みを良い機会に活かした打ち手や、

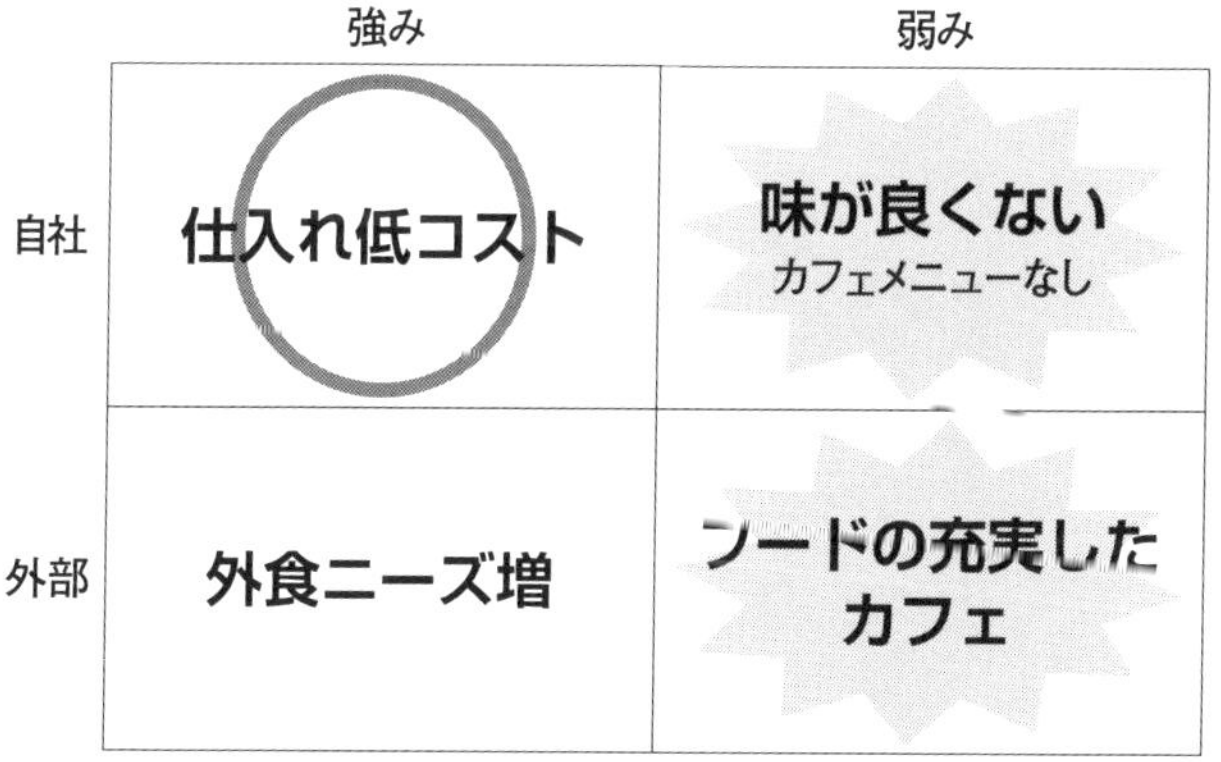

・強みによって弱みや脅威に対抗する
・強みによって外部の良い流れに乗る

「本格的な味のカフェメニューを用意して、新規オープンの店に対抗しなくてはいけないのではないか？」

といった検討事項が考えられるようになります。

▼PPM――その商品は、花形？　金のなる木？　問題児？　負け犬？

ある電気メーカーが、液晶テレビの売り上げ不振に困っているとします。なんとか手を打ちたい。

認知度アップだったり、新商品の開発やブランドの一新などが検討されます。

しかし、それで本当にうまくいくのでしょうか。「なぜ、売れなくなったのか？」を考えるべきです。

そのときに、もし液晶テレビ自体がどこの企業の商品も売れていない、市場から消えゆく流れになっていたらどうでしょうか。

ＰＰＭというフレームワークでは、自社の商品が置かれている環境をチェックします。**具体的にはその商品の市場での強さと、その市場自体の魅力度がチェックできる**

のです。

下の図のように、

- 市場自体が伸びていて、その市場でのシェアも高いのは「花形」商品
- 市場自体は停滞しているが、その市場でのシェアが高いのは「金のなる木」の商品
- 市場自体が伸びているのに、その市場でのシェアが低いのは「問題児」の商品
- 市場自体が停滞していて、その市場でのシェアも低いのは「負け犬」の商品

と分類します。

負け犬の商品にいくら投資をしても、

自社の商品はどこに位置するのか?

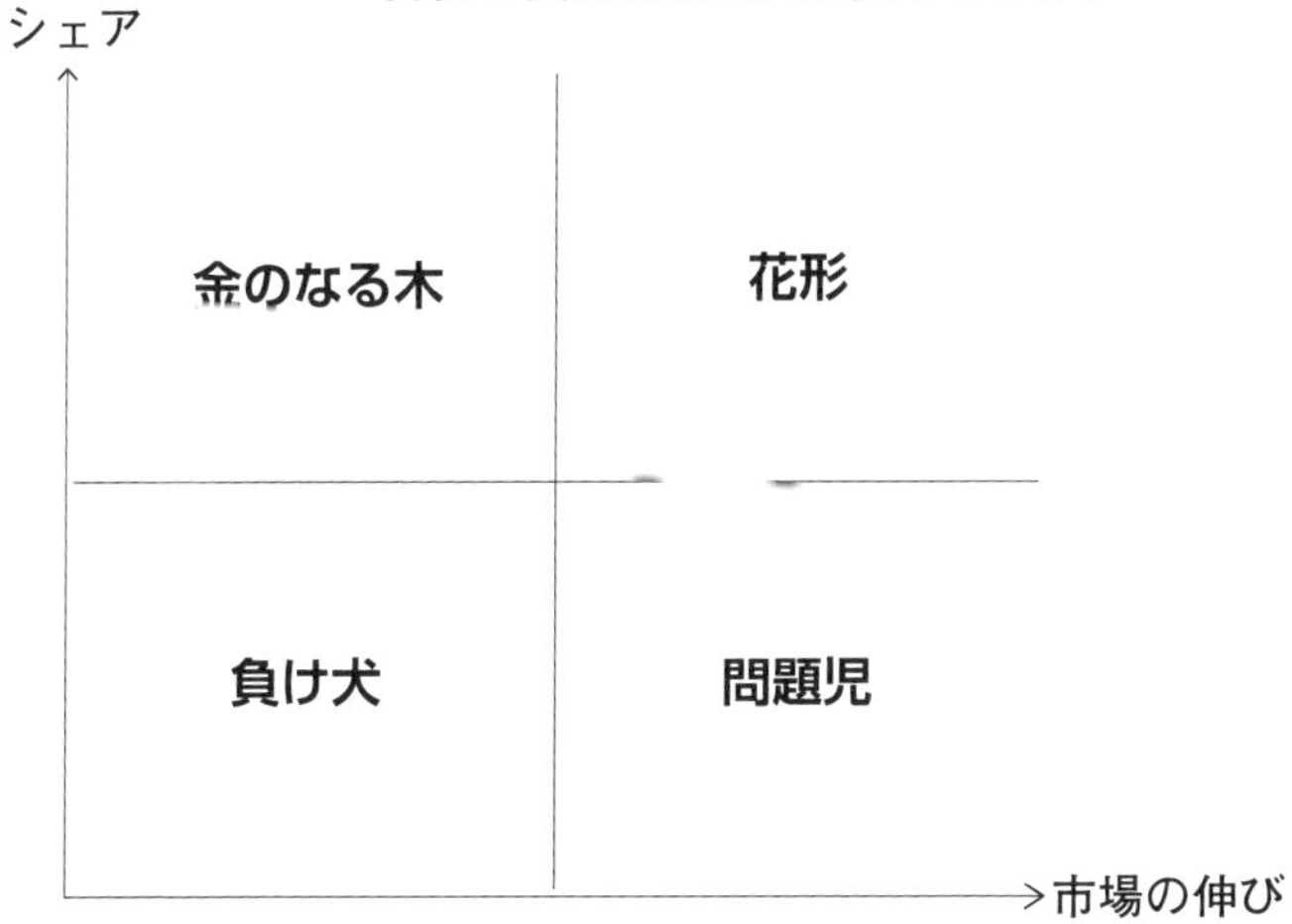

市場自体の縮小には対抗できないのではないかと考えることも必要です。

また、金のなる木は徹底的に低コストで運営して、そこからの収益を花形商品への積極投資や、問題児の商品を花形商品へと持っていく研究開発に投下するのが常套手段です。

市場成長率はなかなか正確には読めませんし、その商品単体では負け犬でも、他の製品との組み合わせ次第で好影響を与えているものもあるかもしれません。

しかし、問題として設定し、人的・資金的に多くのものを投下する判断をするときには必要なチェックになるはずです。

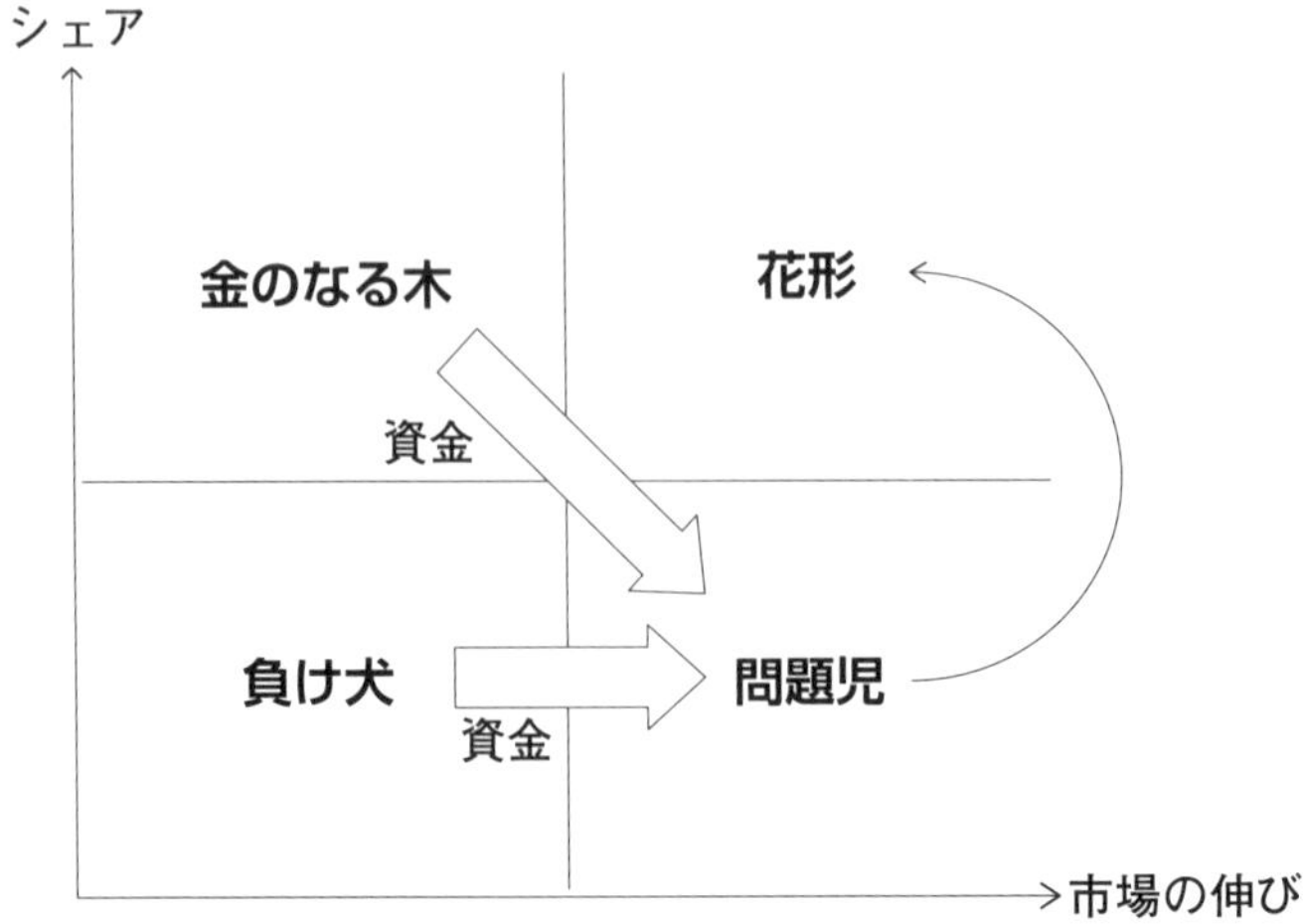

▼社会人に高い漢字力は必要なのか？

ＰＰＭを、自分自身の分析に使ってみましょう。

「自社の商品」を「自分のスキル」に当てはめてみます。
- 市場自体が伸びていて、その市場でのスキルが相対的に高いのは「花形」の能力
- 市場自体は停滞しているが、その市場でのスキルが相対的に高いのは「金のなる木」の能力
- 市場自体が伸びているのに、その市場でのスキルが相対的に低いのは「問題児」の能力
- 市場自体が停滞していて、その市場でのスキルが相対的に低いのは「負け犬」の能力

としてみましょう。

たとえば、多国籍企業でのマネジメントスキルを持っていれば、それは「花形」の能力と言えるでしょう。

高度な英語のスキルがあれば、英語自体はすでに飽和状態であると言えるので「金

のなる木」です。

未熟な中国語やＡＩの技術などは、市場ニーズは拡大していますから「問題児」のスキルです。

あまり漢字が得意ではない人がいたとしたら、パソコン時代にはあまり評価の高くないスキルなので「負け犬」の能力だと言えるでしょう。

現在、漢字が得意ではない社会人が、漢字の学習に多くの時間を割くのは得策ではありません。もちろん、個人的な趣味を否定するものではありません。

英語のスキルや多国籍企業でのマネジメントスキルによって、あなたには仕事があるはずです。

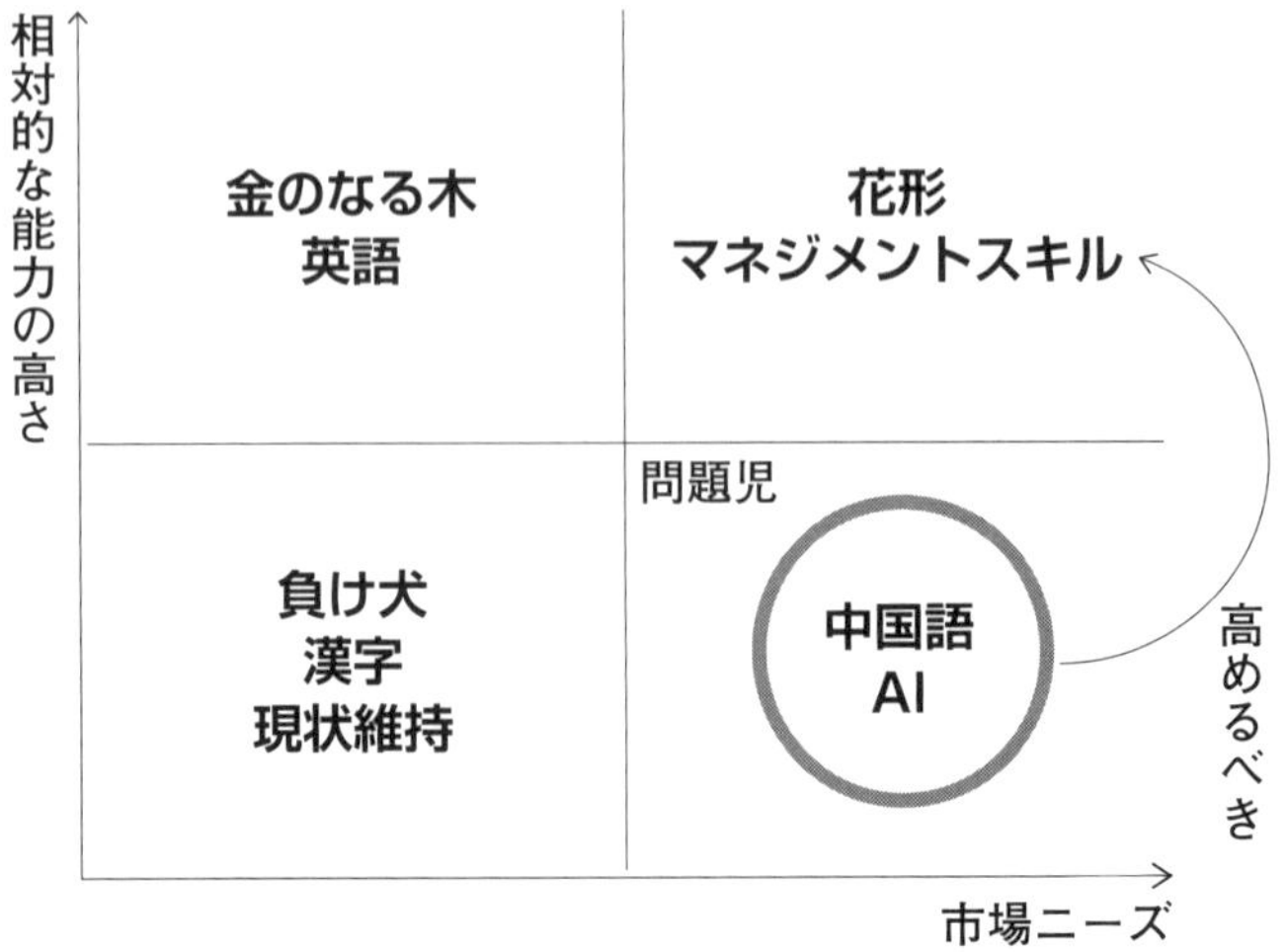

そこで得られる賃金や機会を活用して、問題児である「中国語」や「ＡＩの技術」に磨きをかけて上達することで、これらを**「花形」のスキルへとアップグレードしていくことが良い戦略**だと考えられます。

▼ＶＣ――流れの中の〝どこに〟問題があるのかを明確にする

ＶＣはバリューチェーン分析と言い、商品が原材料の調達から消費者の手に届くまでのサービスの流れを分解して、どこに問題があるかをチェックするリストです。

たとえば、私がコンサルタント時代にレコード会社を担当したときの話です。

「業績不振を解決するために、どのようなマーケティング戦略が必要か」という議案でした。

しかし、「マーケティングに問題がある」を鵜呑《うの》みにしてはいけません。「なぜ、業績が不振なのか？」を考え、本当の問題を設定しなくてはならないのです。

そこで、レコード会社のバリューチェーンをチェックすることにしました。

大まかに、

- 新人の発掘
- 新人の育成
- 楽曲の制作
- 販売・マーケティング
- ライブやファンクラブ活動

という流れで分析をしました。

すると、そもそも新人の発掘の段階でスカウトされてくる人数も、自主的に応募してくる人数も、業績不振と同じ割合で減少していることがわかりました。

問題は、販売・マーケティングではなく、新人の発掘にあったのです。

スカウトの対象者により多く出会うためのコンテスト形式などのイベントの開催など、急成長している他社の事例を研究しました。

さらに、求めているような人材が「なぜ、他社に応募しているのか？」を、デビューを目指している若い人々にリサーチしたところ、「この会社が自分がやっているような音楽を求めているようには思えない」という答えが多かったのです。

業界内で「このレコード会社のブランドイメージが正確に伝わっていない」ことが

問題点として明らかになりました。

このように上流から下流までの流れを分解してみると意外なところ、特に**最終的な現象とは離れたところにある問題点に気づくことができる**のが、バリューチェーン分析の良いところです。

▼「行動を時系列で確認する」ことにも役立つＶＣ分析

ＶＣは、時系列でステップを確認するのに非常に役立ちます。

企業がサービスについて問題点を洗い出すのに有益なだけでなく、**自分の行動を分析することにも役立ちます**。たとえ

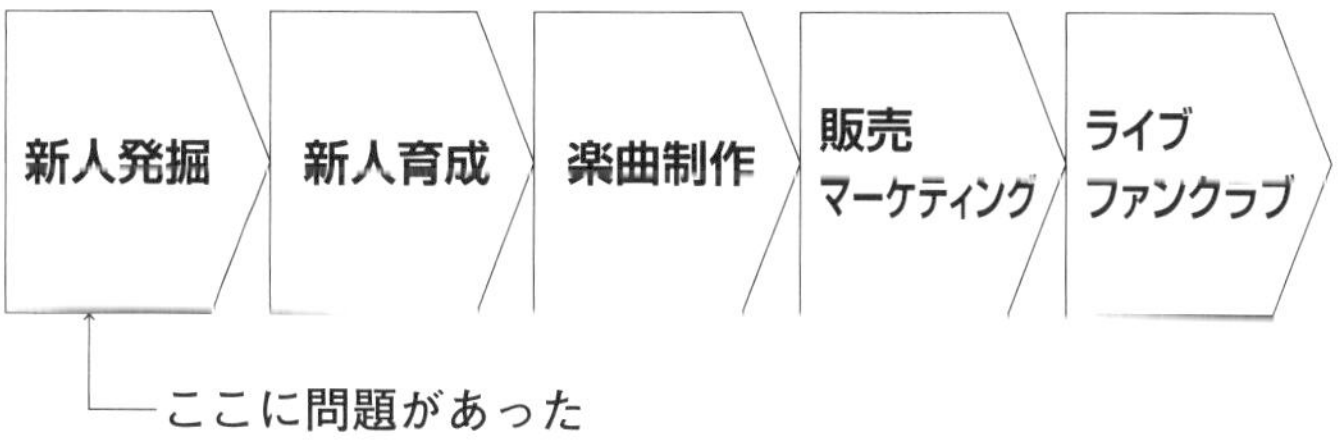

ば、営業担当者であれば、

- 顧客の選定、コンタクト
- ヒアリング
- 提案の作成
- プレゼン
- 受注
- 納品

という流れを確認できると、問題の発見と効果的な打ち手がわかるでしょう。

小学生の学習でも、

- 予習
- 授業の聴講
- ノートへの書き写し
- 復習

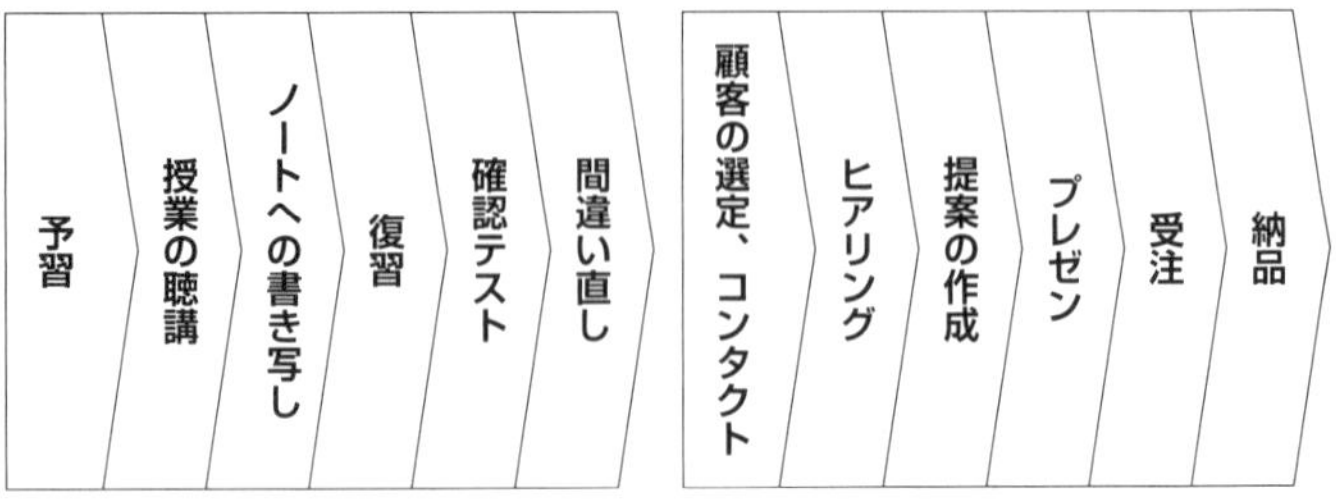

・確認テスト
・間違い直し

といった流れで、問題が発生している箇所を調査することができます。

▼AISAS――ゴールまでのステップを把握し〝効果的な打ち手〟を選べる

売り上げのためのカギが「認知度」にあるということに行き着いたとしても、そこで広告を広く展開するというだけでは、消費者の購入にまでつながらないことがわかってきています。

実は、「知ってもらう」から「購入」にまではいくつかのステップがあり、それぞれにおいて打ち手が違います。

AISASは、消費者が「知って」から「購入」までにどのようなステップがあるかを分解したものです。どこに問題があるのか、を確実に把握できないと打ち手が的外れになってしまいます。

ＡＩＳＡＳには５つのステップがあります。

- **Attention（注目・認知）**
- **Interest（興味・関心）**
- **Search（検索）**
- **Action（購買）**
- **Share（共有）**

です。

検索と共有という段階が今のＳＮＳ社会を表しています。現在では、「ネットでの消費者の意見」「友人のおすすめ」が最も信頼度の高い広告であるという調査結果が出ているのです。

この５つのステップは、実はリンクし

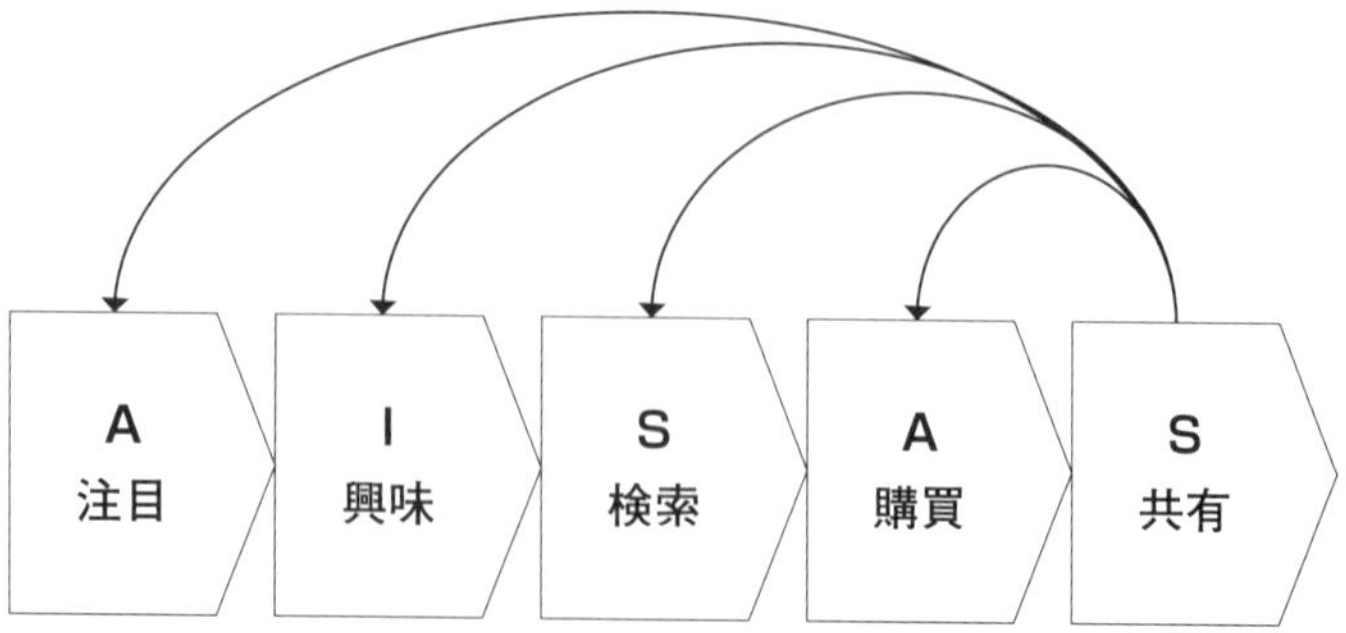

共有 Share がすべてにつながっている

ています。良い共有(S)が注目(A)、興味関心(I)、検索(S)、購買(A)を誘引するのです。

それぞれの目標は、

- Attention（注目・認知）：商品の存在を広告などで知ってもらう
- Interest（興味・関心）：商品自体に興味を持ってもらう
- Search（検索）：商品について調べてもらう
- Action（購買）：商品を購入してもらう
- Share（共有）：購入した商品についてSNSで共有してもらう

となります。

つまり、

「知っているのに興味を持ってもらえていない」

や、

「調べてもらっても購入に至っていない」

など一言に認知度と言っても、購入までには違った問題が存在していることがわかります。

このフレームワークをチェックリストとして活用することで、「認知度アップ」という漠然としたものではなく、**より効果的な打ち手を検討できるようになる**のです。

たとえば、「体脂肪を減らすのに役立つ健康飲料」を考えてみましょう。

それぞれのステップにおいて、

- Attention（注目・認知）：有名人を起用したCMなど印象に残ることを目指す
- Interest（興味・関心）：「やせる」という効能をわかりやすく伝えてターゲット層に興味を持たせる
- Search（検索）：検索したときに、良い効果の報告などが上位にくるように対策する
- Action（購買）：割引や効果を感じなかったら返金など金銭的なプッシュをする
- Share（共有）：体型の変化を共有するキャンペーンを実施

といった打ち手が考えられるでしょう。

5つのどこに問題があるかによって、全く打ち手が変わってくることがわかります。

▼自らの経験からフレームワークは自由自在に進化させられる

フレームワークは有名人の開発したものだけではなく、経験があり活躍している社会人であれば独自のものを持っているものです。

たとえば、AISASについて「購入後のShareという行動がすでに変わってきていないか？　つまり、興味(I)を持ったら検索より先にシェアしていないか？」といった洞察から、新たなフレームワークをつくり出してすでに運用している人もいます。

名医や名コンサルタント、塾の講師も同様です。あなたも**自らの経験をしっかりと残し、分析しておくことで、ぜひ自己流のフレームワークをつくり上げてください。**

そして、貪欲《どんよく》に先輩たちの中にある独自のフレームワークを吸収することで経験・成長のスピードを上げていってください。

第４章のポイント

先人たちの経験である
「フレームワークの活用」で
チェックポイントの見落としは減らせる。

自らの経験を
独自のフレームワークづくりに役立てよう。

第5章

【問題発見スキル2】

精度の高い情報「収集」と「分析」

数字の見方、インタビュー、
図式化の技術

1　生の情報は多くを教えてくれる

▼バイアスにバイアスがかかると、現実からかけ離れてしまう

4章で学んだフレームワークは、先人たちが問題に取り組む中で生まれてきたものです。目の前の現象に振り回されたり、自分なりに「なぜ？」を考えたりしつつ打ち手を検討し、実施し、反省した結果の集大成だと言えます。

私たちは、先人たちが遭遇《そうぐう》したことのないような問題に出会うことがあります。

ここからは、フレームワークがうまく当てはまらないようなものでも、先人たちと同様に試行錯誤《しこうさくご》しながら**「なぜ、この現象が起きているのか？」という問題を特定するためのコツ**を紹介していきます。

コンサルティング会社に入社してくるような「優秀」と言われる若者ほど、書物などの二次情報に頼ってしまいがちです。

どんなに有名な人が書いたものでも、そこには著者のバイアスがかかっています。そして、そのバイアスは、正しい方向に人を導いてくれるとは限りません。さらには、バイアスの上に、自分の都合の良いバイアスがかかると、現実からかけ離れてしまうのはよくある話です。

全社員の向かうべき問題を設定する役割を担っている経営者こそ、現場での感覚を重視しなくてはいけません。実際に、問題設定の嗅覚《きゅうかく》に優れている経営者はみな、自社の最前線の現場をうろうろしているのです。

- 小売業では店頭に立ってみる。店頭で購入してみる
- 生産業では工場に立つ。仕入れの現場に立ち会う
- 商品開発では、実際に使ってみる。使っている人と話す
- 他社のサービスについて、実際に消費者として体験してみる
- 情報について、担当者やコンサルタントが分析する前の数字を確認する

最初はおっくうに感じるかもしれません。しかし、繰り返していくと現場に行った

ほうが手っ取り早く得られるものが多く、気づきも多いことが理解できるはずです。

私の主宰する学習塾ロジムには、入塾を検討されている保護者の方から様々な相談が寄せられます。実際にお会いして、保護者の方から過去の模擬試験の結果や、本人の様子などいろいろな情報を受け取ります。

そこで保護者の方は、「ロジムならどうしてくれるのか?」「私たちはどうしたらいいのか?」というアドバイスを求めます。

しかし、ここで受け取る保護者の目を通したお子さんについての二次情報は、実際とはかなり異なることが多いのです。

保護者の方と話している時間の半分でも本人との面談や体験授業、自習の様子の観察などに費やすことができれば、何倍もの情報が得られ、適切な打ち手を提案できるものです。

▼重要な「一次情報」を分類するインタビューのコツ

関係者に話を聞くときには、注意が必要です。

先ほどの小学生の学習相談の例で言えば、保護者が「うちの子どもは図形問題が苦手なので対策をしてほしい」という発言をしたとしても、それは本当に「生徒が図形問題を苦手であり、その対策をすべきである」という問題設定と打ち手が確定しているわけではありません。

あくまで「保護者にとって我が子の状況がそのように見えている」ということにすぎません。

問題が発生している現場には、人の数だけ問題意識が存在します。

そして多くの場合、それを聞き出そうとすると、それぞれが生の一次情報ではなく、自分のフィルターを通したものを話すものです。自分なりの問題をすでに設定していて、こうすべきという打ち手まで提案してきます。

インタビューでは、その中から「一次情報」をしっかりと分類することが大切です。

さらに、「なぜ、彼らはそのような発言をしているのか？」を考えることが重要です。

インタビューでは、

「事実と意見を混同しない」

を意識しましょう。

たとえば、「見直しをしないので計算ミスが多いのです」という訴えを考えてみましょう。

「見直しをしない」「計算ミスが多い」

この2点は事実として確認が可能です。

しかし、この2つに因果関係があるかどうかは未確定です。因果関係がない場合もあります。ここに因果関係を認めているのは、あくまで意見にすぎません。

「見直しをしないので計算ミスが多い」という仮説があったとしても、

「見直しをしていないのか？」「計算ミスは多いのか？」

という事実の確認と、その先の因果関係の認定は別問題であると認識しておきましょう。

相手の発言の中から、生の情報を洗い出すのは難しいのです。バイアスがかかっているが、本人は認めたくなかったり、隠したい欲求が大きく作用している場合があるからです。

「見直しをすべき」という親の考えを実行してくれない場合、何か問題が発生したときには「見直しをしないからだ」と決めつけたくなるようなものです。

2　数字、情報の分析スキル

▼「因果関係」「時系列」は図にしてみると確認できる

図にすると文章で考えたり、頭の中で想像しているよりも「現場」に近い状態で考えることができるようになります。

ギャップや欠陥、特異な部分が見えてくるのです。

因果関係や時系列など現実世界には実態のないものでも、図式化することで扱いやすくなります。

まず、図式化の一番の基本は「グラフ」です。グラフにすると、

- 時間軸における変化・異常

- 類似なものとの比較における差異について確認しやすくなります。

整理をして図（次ページ）のような特異な点が現れた場合、そこには重要な問題が隠れているはずです。

また、VCでも同じような効能がありましたが、「関係図」も役立ちます（130ページ）。

文字からの情報の何倍も、現場の空気がつかめるはずです。同じ情報を基にしたものでも、描き方によって様々な見方ができるものです。

描きながら現在の状況や構造が明らかになってくることがあるので、いきなりわかりやすいものが描けなくても、いろいろなパターンを試してみてください。

「図式化」はそれだけで非常に貴重なスキルです。

「図式化」を専門にしていたり、得意にしているコンサルタントも多いので参考にしてみるといいでしょう。

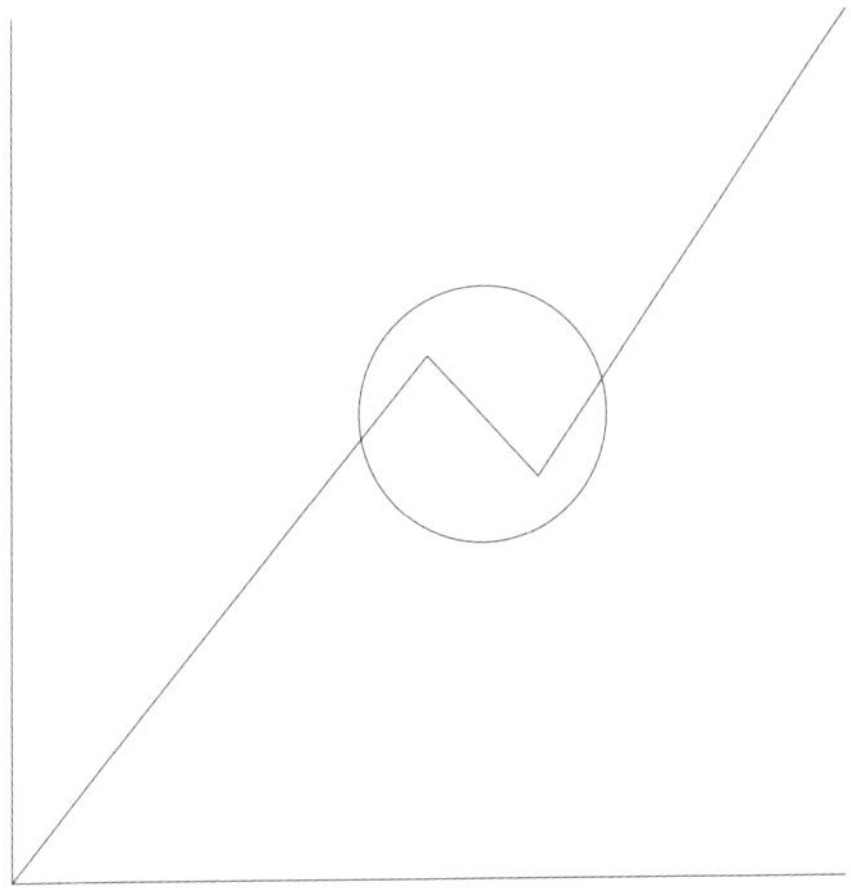

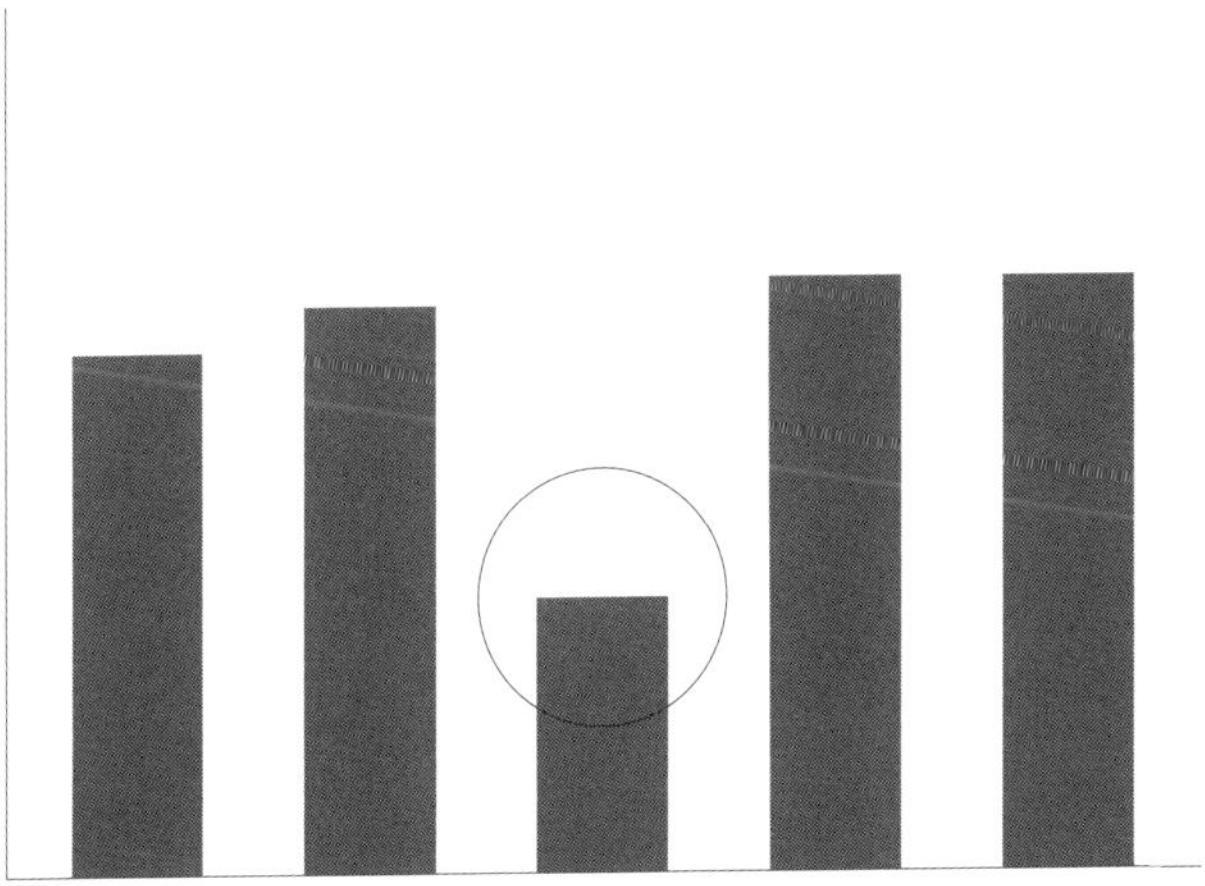

順序

順序を確認する

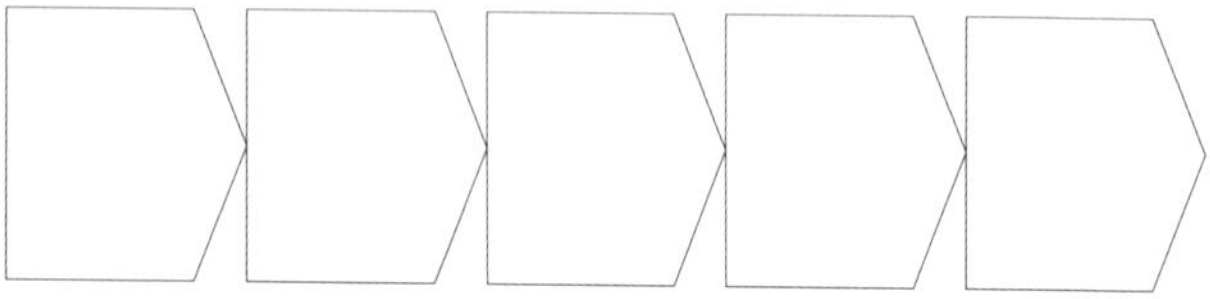

因果関係

因果関係を確認する

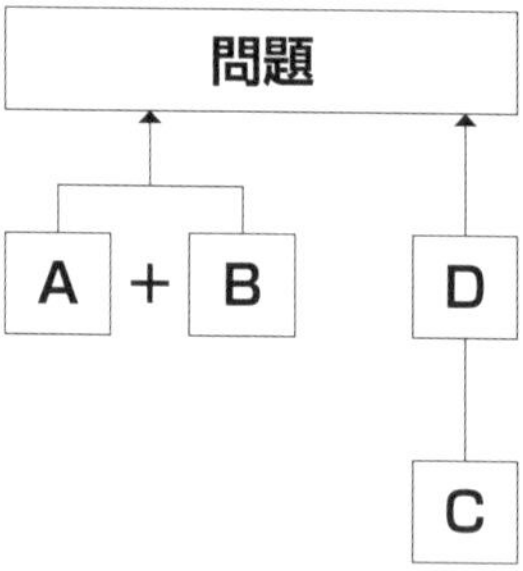

利害関係

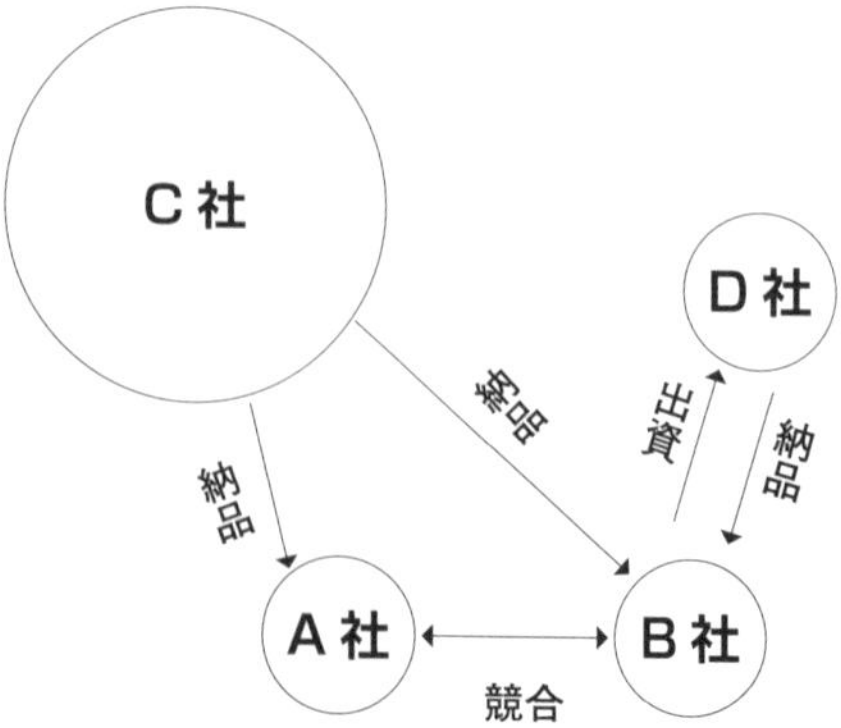

A社は巨大なC社の納品に対して、価格交渉力は弱いのか?

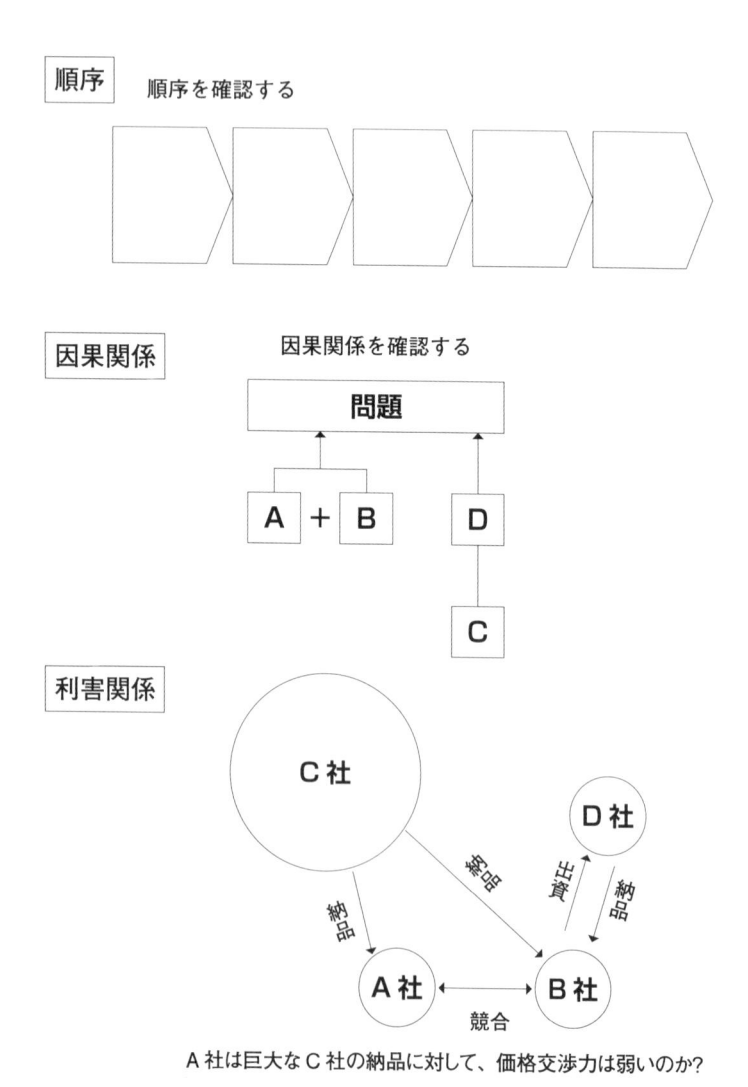

▼〝なぜ？〟がわからないときは「どこ？」で発生源を特定

「なぜ？」で問題の本質に迫っていくことが大切なのですが、それでもなかなか見えてこない場合があります。

そんなときは、**「〝どこで〟問題が発生しているのか？」を探すことで、「なぜ？」も同時に見えてくる**ことがあります。

たとえば、「ある百貨店の業績が不振なのは、なぜか？」を考えても、なかなか本質的な問題が見えてこないとき、「どこが不振なのか？」を考えてみましょう。

特定の地方の店舗なのか？

特定の売り場なのか？

それが判明すれば、精査しなくてはならない対象、つまり「現場」がぐっとしぼられます。その場所に特別な性質がある場合、問題発見が容易になることも少なくありません。

なぜ計算ミスをするのか？

- どこで？　↓　問題の後半で
- どこで？　↓　算数の問題用紙の端っこで

問題の特定　↓　テストの終盤の問題用紙が字で埋まっているときに、計算式を見やすく書くことができないから

場所が特定されるだけで、問題点の捜索についてだいぶ前進することがあります。場所というのは、それだけで多くの情報を持っているのです。

▼思い切って「考える要素」をどんどん減らしてみる

「自社の業績が不振である」と考えるとき、自社の数多くある商品をまとめて扱ってしまっていることがあります。

考えている対象にあまりにも多くの要素が含まれてすぎていて、打ち手の効果も薄まってしまうことがあるのです。

「自社の商品をしぼり込んでみる」

「売り上げの場所をしぼり込んでみる」

ことでシンプルになり、検証しやすくなります。そして、**そこからの示唆は全体としても重要なものであることが少なくありません。**

たとえば、

「商品Aが量販店Bにおいて、今年度の売り上げが昨年に比べて落ちた」

というところまでしぼり込むと、分析がしやすくなるのです。

▼打ち手を限定しないための〝ギャップ探し〟

たとえば、少子化の問題を考えてみましょう。最終的には、「国の経済力、特に社会保障を支える経済力がある」という状態になればみんなが一安心なのです。

そう考えると、

- 現在の状況はどうか
- 理想の状態はどうか
- そのギャップはどれくらいか

- そのギャップを埋める手段は何がありうるのか

という、確認すべきポイントと、検討すべきポイントが見えてきます。

最終的なゴールを考えるとき、「打ち手」を含めて考えないことが大切です。

「子供が増えて、経済力が回復する」を最終ゴールにしてしまうと、すでに打ち手が「子供を増やす」ことに限定されてしまいます。あくまで、最終的に到達しなくてはいけないゴールのみを明確にするのです。

▼極端な場合を考えてみることの大切さ

たとえば、「利益」を増やしたいというとき、「利益」をつくり出す要素をピックアップしてみましょう。

- 仕入れ価格
- 小売価格
- 売れる個数

の３つに着目したとします。

ここで、

- 仕入れ価格を限界まで下げられたとしたら？
- 小売価格を限界まで高くできたとしたら？
- 商圏の人すべてが買ってくれたとしたら？

というように、極端な場合を考えてみます。

すると意外なほど、**結果である「利益」に対してインパクトが少ない項目や、大きい項目が判明する**ことがあります。

そこでインパクトの大きい項目を問題として設定することで、結果がついてくるようになります。

▼「誰にとって重要か」で問題は変わる

学習塾で進学指導をしていると、「保護者」「生徒」「学習塾」の３者間で全く意見がまとまらないことがあります。それは、３者が「満足する基準」が違っているからです。

【保護者】大学の進学実績
【生徒】部活動の充実度
【学習塾】本人のレベルにあった学習指導体制

優先する問題が違ったまま、進学先を検討していてはまとまるわけがありません。

問題を設定する場合は、**常に「誰の」問題に取り組むのかということを明らかにしておく必要があります。**

ビジネスの現場でも、経営者の視点や株主の視点、事業担当者の視点では問題設定の前提が違っています。

誰のための問題設定なのかを確認することで、より綿密な打ち手を考えるための情報がそろってくるのです。

それだけに、「誰にとっても」の問題であるというような設定は、実際の当事者の状況が反映されていなさすぎて甘い、つまり解決してもインパクトが少ないものになっていることでしょう。

また、環境の変化に合わせて変わっていくものでもあります。

具体的には、「前提条件に大きな変更が発生した場合」に、問題設定自体も変更を迫られます。

進学指導の現場でも、「子供の優先したい項目が部活から授業内容に変わった」「父親が譲れない条件を出してきた」「学校見学の結果、いくつかの新しい基準が出てきた」などによって再度検討し直すということは日常茶飯事です。

▼ＤｅＮＡが強い理由は〝動く問題〟への対応力にあった！

たとえば、ＤｅＮＡという会社は、創業当初は１９９９年にビッダーズというオークションサイトを立ち上げることを発表していました。サイトオープンに向けて必死に作業をしていたはずです。

しかし、ビッダーズオープン直前にヤフーオークションが手数料無料でオープンしてしまいました。ベンチャー企業のＤｅＮＡにとっては衝撃的な状況になってしまったことは想像に難くありません。

「自社のオークションサイトをオープンさせる」という問題設定から、「ヤフーオークションに対抗する」という問題に変わったのです。

これは、非常に難しい問題になりました。ネット商店の世界では、２番手の逆転はなかなか難しいのです。

しかし、非常に小さなベンチャー企業に過ぎなかったＤｅＮＡの、動く問題への対応力は素晴らしいものでした。

周りの誰もがビッダーズのＤｅＮＡなんて話にならないという評価でしたが、約５年後には携帯用オークションの「モバオク」をオープン。

さらに、誰も予想していなかった「モバゲータウン」のオープンで全く違う会社へと変貌《へんぼう》していき、現在まで続いています。

「ヤフーオークションに対抗する」だけでなく、環境の変化をしっかりと読み取り新たな問題を設定し、打ち手として別のサービスをオープンさせたという結果は素晴らしいものです。ぜひ、当時の生の声を聞いてみたいものです。

このように、**問題設定は一度決めて終わりではありません。常に変化の可能性を持っています。**柔軟な対応が求められるのです。

最初の問題設定について調査を進め、打ち手をつくり上げたところ、どうしても効果が薄いと見えてきてしまった。

そうなると、より効果的な別の問題を検討し始めなくてはいけません。

第5章のポイント

問題発見につながる一次情報を得るために、現場を見る。

意見と事実をしっかり分けたインタビューが大事。

なぜそのような「意見」を持つに至ったのか、についてもしっかり検証する。

数字や情報の見つけ方と扱い方を知る。

「図式化」「〝どこ？〟で発生場所から考える」

「要素のしぼり込み」「最終ゴールからの逆算」

「極端な場合を考える」ことには、効果がある。

第6章

問題をしぼり込み、取り組む順番を決める

解決の難易度と、効果の高低を明確にし、優先順位を付ける

1 解決のしやすさを見極めるには？

▼取捨選択のための「現実的なチェックリスト」を今すぐ持つ

4、5章ではなるべくモレがなく、重要な問題の候補をピックアップしました。

6章では、その中から「まずどれに取り組むのか？」という取捨選択・優先順位の付け方についてのコツをご説明していきます。

取捨選択とは経営判断そのものです。確実ではない未来を判断するわけです。どんな優秀な経営戦略コンサルタントでも、未来が見えているわけではありません。「確率が高そうだ」というデータとともに提示するだけです。

そして、その経営戦略コンサルタントの世界でも「問題設定の筋の良し悪しは経験が大事だ」「筋の悪い問題設定をするコンサルタントは大成しない」「長い目で全体を見渡して」など、あやふやな表現でその難しさが表現されています。

もちろん、「未来に向けて問題を取捨選択する」というのは難しいものです。ですから、「こうすれば正確に取捨選択できる」と言い切るのが憚《はばか》られるわけです。

ただ、**これから学ぼうとする人々に「経験が大事だ」と申し上げても、ただ与えられた状況の中でもがくだけでは時間がもったいない**と思います。

ここでは、取捨選択の現実的なチェックリストを紹介していきます。

それぞれがうまくいく場合、いかない場合がありますが、何を試してどのような結果だったのかを蓄積していくことこそ「良い経験」としてのちの判断に役立つはずです。

そして、先人たちの経験を自分のものにしていくという点で成長を早めるのです。

▼できるところからスタートしよう

私は学習教室の代表という仕事柄、様々な中学校や高校の学校改革の現場を目にしてきました。

どの学校も、多くの生徒に学びたいと思ってもらえるように生まれ変わっていかなければ、取り残されてしまうという危機感を持っています。学校に期待される要素としては、

- 校舎がきれい
- 制服が良い
- 学習指導が細かい
- 部活動が充実している
- 課外活動が充実している

など様々なものがあります。

学校がそれらを一気に解決しようとすると、すさまじいコストがかかる上に現場に混乱が生じてしまいます。調査をして、ピックアップされた問題候補について「あれもこれも」取り組むのは難しいのです。

ある学校では、「英語の例文暗記を徹底させる」ということからスタートしました。学習指導の中でも、ピンポイントにしぼり込んだのです。

朝のホームルームの後、昼休み、放課後に徹底的に例文暗記とそのテストを実施し

ました。

そして、そのシステムと実際の風景を徹底的に志望者向けにアピールしたのです。**大きなコストはかかりません。しかし、この問題設定は非常にうまくいきました。**

英語の中でも学習効果が高いと言われている例文暗記に、全校生徒がしっかりと取り組んでいること。そして、それを学校がしっかり管理していることで「英語に強い」「学習のカリキュラムがしっかりしている」「細かい管理で落ちこぼれにくい」などの評価が広がったのです。

入試の応募人数は格段に増えました。さらに、その評判は優秀な教師の応募にもつながります。また、校舎の改装などの実現にもつながりました。

コストをかけずに最大限の効果を上げた好例と言えるでしょう。

運動会に力を入れて、「心身ともに強くなる教育」「同級生や上級生との連帯感のある校風」という評価につなげた学校もあります。

資金の限られた学校はもちろん、どんな組織でもピックアップしたすべての問題に取り組むわけにはいきません。

時間的にも資金的にも難しいからです。あなたも自分の部署を見渡して、すでにある業務で手いっぱいの中、新しい問題を設定して取り組むなど、かなり難しいことだとすぐにおわかりでしょう。

「最小限の投資で、最大限の効果」を出すことが大切なのです。

しかし、ここで私から偉そうに言われてみると、「何を当たり前のことを」と思われるのではないでしょうか。ビジネスパーソンの判断は、普段からこのことが基本になっている「はず」だからです。

ここで「はず」を強調したのは、意外と普段の判断の中ではその確認がおろそかになっていることが多いからです。

最初に気づいた問題をそうだと思い込んだり、与えられたものを信じ込んだりということは多いのです。

▼「普段を少しだけ変える」は解決しやすい

「解決しやすく効果が高い」のうち、まず「解決しやすい」を取り上げてみましょう。

「この問題は解決しやすそうだ」と判断できるのはどのような場合でしょうか。

まず、時間とお金の投下が少なくてすむものです。

「英語ができるようになりたい」

「ネイティブの指導を受ける」

となると英会話教室に通ったりする必要があり、時間的にも資金的にもハードルが高くなります。

しかし、「毎日10分、通勤時間に文章を暗唱する」という問題を設定すればその解決のためには、普段の通勤中のスマホ閲覧《えつらん》の時間を投下すればいいので実行可能です。

これはビジネスの世界でも同様で、何か新しい問題を設定するときに「普段を少しだけ変える」「余剰なものを投下するだけで良い」というものは、ハードルが一気に下がります。

たとえば、ある企業が残業を減らすために全業務を徹底的に可視化して、効率良く進めるために改善することを目指していました。

しかし、部署の違いや顧客との面会などコントロールできないものと、コントロール可能なものが混在していて結局何も進まなかったという例があります。

これに対して、別の企業は「各部署とも毎月実施している会議のうちひとつを2カ月に1回にする」という決定をしました。これだけで2～3時間の会議が6回分、準備を含めるとそれ以上の時間が減ったのです。

全く新しいことを実行したり、全く新しいことに変更するよりも、「普段のことを変更する」というのは、非常に受け入れられやすいというのもあります。

人的資源についても、同じようなことが言えます。

全く新しいメンバーが集められて、全く新しいことに取り組んでもらうというのは当事者のストレスも高いだけでなく、時間的にも多くを要するものです。適性としても未知数です。

そして、すでに彼らが取り組んでいた業務を、誰かに引き渡さなくてはいけないという新たな業務も発生してしまいます。

それならば、短期的にでも外部のコンサルタントのような人材を招いたほうが、全体としてはコストが少なくてすむということがあります。

彼らから次回以降のノウハウを学べるという点でも、充分投資に見合うということが少なくありません。何より突発的な問題に対して、長期的な内部組織の変更をしなくてすむというのが重要です。

たとえば、ある携帯電話会社は「法人営業部」というものを持っていました。企業が従業員に貸与する携帯電話を大口で受注すべく営業活動をする部門です。

しかし、携帯電話がスマホになり、通話するだけの機能ではなくなり、営業支援ツールとしての可能性が出てきました。

すると、端末を売るだけではなく、企業が必要としていて、スマホで実現できるサービスを提供する必要があるのではないかと考え始めました。

ここで、この携帯電話会社は「新たな法人向けサービスを考える」という問題設定をします。そして「法人営業部」からメンバーを抜擢《ばってき》して「法人サービス開発部」を立ち上げました。

今まで「通話ができる携帯電話」という差別化がほとんどできない商品を売っていたメンバーに、「サービス開発」という全く似て非なる業務を与えてしまったのです。もちろん従来の端末販売の業務は残ったままです。

従来の法人営業は、メンバーがいきなり減らされて売り上げ減。さらに、新しい部門は目的は明確ですが、メンバーの適性には疑問が残り成果は上がらない。混乱が発生しただけでした。

このような場合は、一時的にでも「スマホで企業向けサービスを専門としている人材」を外部から招いてコンサルタント契約をしたほうが良いのです。

そこでの作業に法人営業部から人材を少しずつ携わらせて、知見を吸収したほうが効率的なのです。

私がコンサルタント時代には、このように組織が混乱した状態に陥った後で契約に至ったというプロジェクトは少なくありませんでした。

「普段を少しだけ変えれば良い」というのは、問題の解決しやすさを判断する上で非常に大きな要素です。

▼バッドストーリーの仮説に耐えられるものも解決しやすい

足立区の学力・健康・経済的な問題をすべて解決するのは途方もなく大変そうだ。しかし、「給食をおいしくして、学校に来たくさせる」というのは実現しやすいのではないか、と考えて実行した近藤区長。

彼女は大きな問題の中から、「給食をおいしくして、学校に来させる」ことは解決可能だと判断して問題に設定し、優先的に取り組んだのです。そして、実際に学校に来させることに成功し、さらに波及効果がありました。

これは、「子供はおいしいものが食べられる場所に積極的に来る」「親は無料でおいしいものを食べさせてもらえるところには、子供を積極的に送り出す」という仮説に基づいたものです。

この仮説は、あなたも直感で正しいと思うはずです。こういった、「おそらく高い確率で実現するであろう仮説」こそ「解決しやすい」と判断できます。

こういった仮説は、「バッドストーリーの仮説に耐えられる」ものなのです。

「バッドストーリー」とは「いじわるな立場から見た場合に起こりうる展開」のことです。

「おいしいものが無料で食べられても、家で寝ていたい子供がいる」「おいしいものが無料で食べられたとしても、家でジャンクフードを食べさせておく親がいる」といったバッドストーリーを考えると、元の仮説の「実現度」が浮かび上がってくるのです。

私たちは、得てして「グッドストーリー」が当然のように実現すると思い込みがちです。

「こんな良いサービスを提供するのだから、顧客はそれを理解して我が社の製品を選ぶはずだ」といった具合にです。

しかし、同時に「他社が同じような製品を安くリリースしてきたら」「機能が求められているものと違ったら」といった、バッドストーリーも考えなくてはいけません。

その上で、「対応可能だ」と判断できるものが「実現性が高い」、つまり「解決しやすい」問題設定と言えるのです。

「犯罪率を減らす」という大きな目標のために、「割れた窓を減らせば犯罪者が寄りつきにくくなる」という解決可能な有名理論から手をつけたのが、ニューヨークの地下鉄です。

ニューヨークの地下鉄内は、様々な犯罪の多さで有名でした。それらをすべて解決するのは難しいという判断から、まずは「車両への落書きを徹底的にきれいにする」ということを始めました。

それから犯罪率は低下したのです。ニューヨークのジュリアーニ市長は交通違反の徹底取り締まりという、解決可能な問題設定により他の犯罪率の低下まで実現しました。ディズニーランドは、見えるところで清掃員を活動させることで、入園者のゴミのポイ捨てをなくすということを実現しました。

「小さな犯罪の許されないところでは大きな犯罪をしにくい」はバッドストーリーに耐えられるような良い問題設定なのです。

逆に、都合の良い話だけをつなげていると、バッドストーリーによる検証には耐えられません。

世の中の液晶テレビは価格が高すぎる。だから、低価格を実現すればみんな買ってくれるはずだ。低価格の物を大量に売るには、テレビＣＭが大事だから大量に出稿しよう。

こういった、**「なんとなく良さそうなストーリー」に気をつけなくてはいけません。**

- 世の中のテレビが高すぎる
- 同じ性能なら、低価格なほうが売れる
- テレビＣＭで認知度を上げれば大量に売れる
すべて都合の良い仮説をつなげてつくっています。
- 世の中の多くの人は液晶テレビを高いと思っていない
- 高くても知っているメーカーを買う

・テレビCMより、家電量販店での売り出し方で決められているなどのバッドストーリーもありえます。実際の調査では、大いにありうるというのが現実です。

このように、バッドストーリーでの検証は非常に簡単ながら、思い込みにより見過ごしがちです。

▼〝小さく素早く積み重ねる〟という大きな価値

問題解決では、「より根本的な」と「より簡単に結果が出る」のバランスを取りながら問題設定をする必要があります。

すべてを解決する可能性のある問題設定でも、時間・資金・考えられる副作用から先送りになる可能性はあります。

また、**インパクトが小さい問題設定でも、時間も資金もかからないものであれば、それらを積み上げることで大きなインパクトを実現することも可能**です。

そして、「ひとつのインパクトの大きな問題設定をして打ち手を考えること」も、「インパクトは小さくても、実行が簡単な問題を数多く設定して積み上げること」も、同じくらい難しく、価値があるのです。

往々にして、インパクトの大きな問題設定を実行するには、「インパクトは小さいながらも結果を出したという実績」が求められることが少なくありません。

「実行可能である」「すぐに解決できる」という視点で問題を設定する力は必ず大きな問題設定力につながるので、普段の身の回りから目を光らせて実行し、経験と実績を積んでいきましょう。

▼マンガの世界を真似したレコード会社の大成

いわゆる水平展開は、解決のストーリーを描いて実現するのが簡単なものの一例です。同じような商圏で、同じような店を出せば、同じような結果が出るだろうというものです。

4章で紹介したレコード会社の事例には続きがあります。

そのレコード会社は新人の発掘、特に売り込みの量・質の低下に悩まされていました。

レコード会社自体が非常に大きくなりすぎて、新人にとっては敷居も高く、またどのような担当者がいるのかが見えにくくなっていたのです。

ここで参考にされたのが、漫画の世界でした。

漫画の世界では、持ち込みで才能を発掘することが生命線になっています。そして、漫画の世界では「出版社」に持ち込むというよりも、カラーのある「雑誌」に持ち込むという意識が強いのです。

少女漫画なら各出版社の少女漫画雑誌の担当部署、ギャグ漫画なら各出版社のギャグ漫画雑誌の担当部署です。

そして、持ち込む側から見ると普段手にしている雑誌から、その専門性が判断しやすく持ち込み先が明確になるのです。

非常に大きくなってしまったレコード会社には、「アイドル」「演歌」「バンド」などいろいろなジャンルのミュージシャンが所属しています。

ですが、レコード会社の名前だけでは「何でも屋」に見えてしまい、逆に新人に対するアピール力がなくなっていたのです。

そこから、「アイドル」や「演歌」「バンド」といった部署ごとにレコード会社とは別に冠をつけるようにしました。今では、レーベルと呼んでいるものです。

「アイドル専門Ａ」「演歌専門Ｂ」といった具合です。そうすることで、アイドル志望者や演歌志望者が売り込む先として思いつきやすくなったのです。

「持ち込み」というシステムに大きく依存するという点で業界は違えど、ほぼ同じ部分があるので徹底的に模倣しやすく、結果も同じように期待できる「解決しやすい」ものだったと言えます。

ただ、**表面的に似ているというだけでは分析は甘くなりがちです。目に見えていない部分の仕組みをしっかりと分析することが大切**です。

中古本買い取り販売のブックオフが急成長した時期に、ブックオフの戦略を「古臭い中古書店をアクセスしやすい明るい店舗にした」と分析して店内を改装した旧来の中古書店がありましたが、売り上げ増にはつながりませんでした。

ブックオフが優れているのは、買いやすさ以上に、持ち込みやすさを徹底的に追求した点にあります。

「本を売るならブックオフ」とＣＭで連呼し、いかに簡単に買い取ってもらえるかをＰＲし続けたことに勝因があります。

ですから、表面的に明るい店舗を実現したとしてもブックオフのように大量に新しい本が持ち込まれ、それらにより本を買いたいお客さんを集めるというサイクルをつくり上げることはできなかったのです。

▼DAY1の動きが明確であれば解決は目の前

問題設定をしたときに、DAY1、つまり初日にどのような動きをすれば良いかが明確になっているものは解決が見えていると言えます。

問題設定の際、理想となるゴールは見えていても、「では、どうすれば?」まで見えていなければ、分析が甘いか実現性が低いと言えます。

どこで、誰が、何をするのか。解決できる問題設定とは、解決するために何をするべきかが見えているものです。

たとえば、足立区のおいしい給食のプロジェクトについて考えてみると、

「給食をおいしくして、学校に来てもらうようにしよう」

というだけでは解決が見えているとは言えません。

「給食をおいしくする」

という点について、「DAY1に具体的に何をするのか？」が明確になっていないからです。

「給食をおいしくしましょう」

という問題設定をして、「後は各自頑張りましょう」では解決しなかったでしょう。

足立区では、「残菜率」に着目しました。給食がどれだけ残されたかです。

この数値を、「生徒にとってのおいしさ」の指標に定めました。そして、「各小学校の残菜率を調査して、残菜率の低い献立の情報を共有し、各校の献立に反映させる」という具体的な行動まで明確にしました。

ここまで明確になると、多少の修正はあるにせよ解決は見えたようなものです。

企業内の改革などでも、「最初のステップでは何をするのか」まで落とし込めないものは、解決が遠いという状態を反映していることが多いのです。

漠然と「コスト削減が大事なのでそれを第一に解決しよう」ということで思考が止まっていたり、「海外のマーケットを開拓することで売り上げを確保する」など、問題設定をした翌日にすぐ行動に結びつかないものは、解決しやすいとは言えません。

「少し考えれば大丈夫」と気軽に考えて、最後の詰めを怠った形で問題設定を終えてしまうと、意外なほど「先延ばし」や「混乱」を引き起こしてしまうのです。

ぜひ、「DAY1のアクションが明確になるか？」という視点のチェックを怠らないようにしてください。

2 「効果の高さ」を見極めるには？

▼「普通」をしっかりと定義する――まずは数値化から

　ここまでは「解決しやすいかどうか」について判断のコツを紹介してきましたが、次は「効果があるのかどうか？」についてお話ししたいと思います。

「そんなことはやってみないとわからない」という思いは当然です。しかし、この点でも先人たちの経験を基にしたチェックリストを通すことで、基本的な落とし穴を避けることはできます。

　売り上げや得点などはもちろんのこと、健康状態や幸福度など定性的な指標は、数値化することで扱いやすくなります。

単純化することに抵抗のある人は多いのですが、万能ではなくても問題として扱いやすくなるという効能は捨てがたいものです。

たとえば、私たちは「太りすぎ」や「やせすぎ」といった定性的な表現をＢＭＩという数値にすることで非常に扱いやすく、問題として設定しやすくしました。「ＢＭＩがすべてではない」などという批評はもちろんありますが、「太りすぎ」「やせすぎ」といった表現で扱っているときよりも、効果測定をしやすくなった部分が大きいのは事実です。

その指標が表現できる要素はどのよう

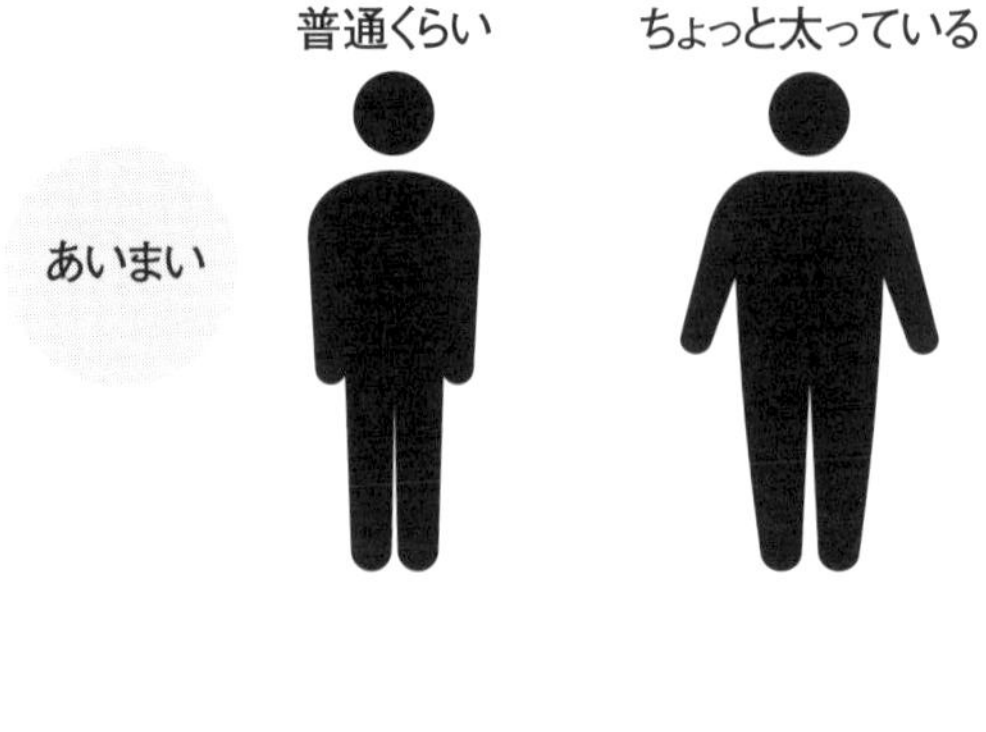

数値化 BMI	～18.5	18.5～25	25～30	30～35	35～40	40～

な範囲なのか、また「普通」とはどの値なのか、をしっかりと定義しておくことで安全に活用できるようになります。

▼上位概念を見つけると効果は大きい

学習塾で生徒の「苦手なこと」や「失点部分」を分析しようとすると、各科目の担当の先生や、模擬試験の結果を分析するコンピューターが細かく情報を上げてくることになります。たとえば、

【算数】

1　小数の計算
2　台形の面積
3　速さに関する文章題

【国語】

1　接続詞の問題

2　説明文の内容把握
3　指示語の内容把握

【理科】
1　実験結果の読み取り
2　物理分野の計算問題
3　化学反応の知識

【社会】
1　江戸時代の政策の知識
2　国会の仕組みの知識
3　資料読解と記述

といった具合にです。

この中で、どれを集中的に勉強すればインパクトが大きいのかを考えることになります。

しかし、このようにピックアップされた問題候補を並列に並べているだけでは分析が足りません。これらが、**どのような構造になっているのかを検討すると、より効果的な問題設定が実現できます。**

この場合だと、「論理的な文章を正確に読む」という上位概念の中に、「算数の速さに関する文章題」「国語の課題すべて」「理科の実験結果の読み取り」「社会の資料読解」が含まれています。

12個の細かい問題候補について「なぜ、それが問題となっているのか？」と考えると、「論理的な文章を正確に読めていない」というより本質的な問題が見えてきて、同じようにそこに行き着く問題候補がいくつもあったのです。

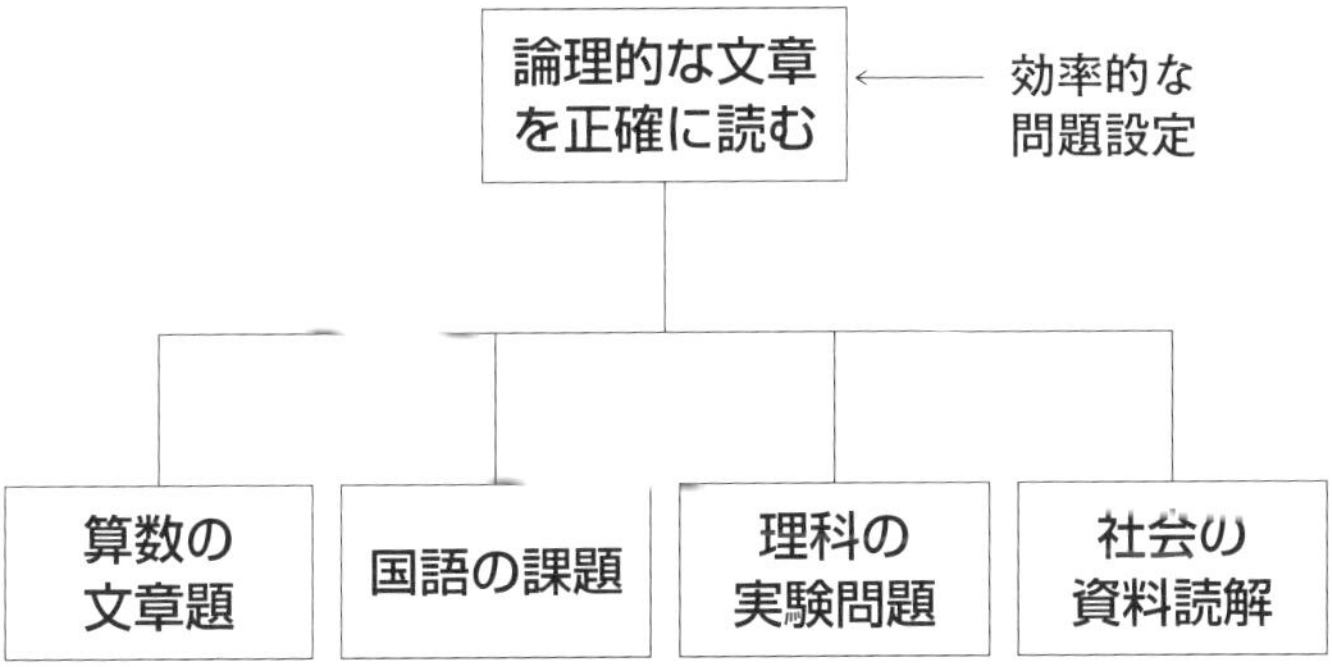

一つひとつ対応する時間はもったいない

よって、上位概念である「論理的な文章の読み取り」にフォーカスしてトレーニングを実行することで、いくつもの問題候補を解決できるのです。

このように問題候補がいくつか挙げられたとき、特に複数人で作業したりしたときには一度立ち止まって全体の構造を考えて、問題の上位概念が存在しないかをチェックすると、より効果の大きい問題設定が実現します。

▼「理想と現実のギャップを把握する」と手をつけるべきかどうかがわかる

手をつけるべきか、後回しにすべきかの判断の際には、「理想と現実とのギャップ」を把握することが有効な材料になります。

その際に、「理想」については戦略的な判断が求められます。一口に理想と言っても、

- 経営理念
- 一般的な基準
- 競合他社との比較

- 過去の自社との比較

などがありえます。

個人に当てはめると、

- 自分の夢や理想像
- 世の中の平均

などもあるでしょう。

どこに基準を置くかということで、ギャップも違ってきます。

さらに、理想のゴールまでの距離を分割して「マイルストーン」、つまり「中間目標」が設定されることもあります。

問題設定をする場合にゴールを考えないというのはありえない、と思われるかもしれませんが、この作業は意外なほど忘れられがちです。

この**ギャップこそ、問題を解決したときのインパクトの一番基本的な指標**なのです。

たとえば、中小企業の場合、「業界標準」という理想は、あらゆる点において実現は難しいことではありません。

仕入れコストや固定費などをチェックして、「業界標準」という理想と大きく離れているところから手をつけるというのは、インパクトを考えると良い選択でしょう。

トップ数社で争っているときには、競合他社との比較が重要になってきます。

その上で、差別化を図るという意味で、「経営理念」として際立つような「理想」を設定することもあるでしょう。他社に先駆けて「廃棄物ゼロ」や「プラスチックのストローをゼロ」などがそれにあたります。

▼その問題は、他の問題を引き起こすキッカケにならないか？

「その問題が、他の問題を引き起こすきっかけにならないか？」とチェックすることも、後の大きな被害を防ぐという意味でインパクトに関わる問題です。

たとえば、電子機器メーカーの問題設定において、

・初期不良の撲滅
・初期不良発生時の対応

という2つの問題がピックアップされたとします。

販売店や顧客の意識調査を考えると、初期不良発生へのネガティブなイメージより

も、初期不良発生時の対応が悪かった場合のネガティブなイメージのほうが大きく、メーカーへの信頼度に影響することがわかった場合、設定されるべき問題は「初期不良発生時の対応力の強化」になります。

この作業の重要な点は、企業の中では目の前の問題が引き起こしている問題が、**人をまたぎ、部署をまたぐことで見えにくくなっている**ということです。ですから、経営者や部署をまたいだ管理職の重要な仕事でもあります。

「風が吹けば桶屋が儲かる」を、いかに正確に把握できているかということで

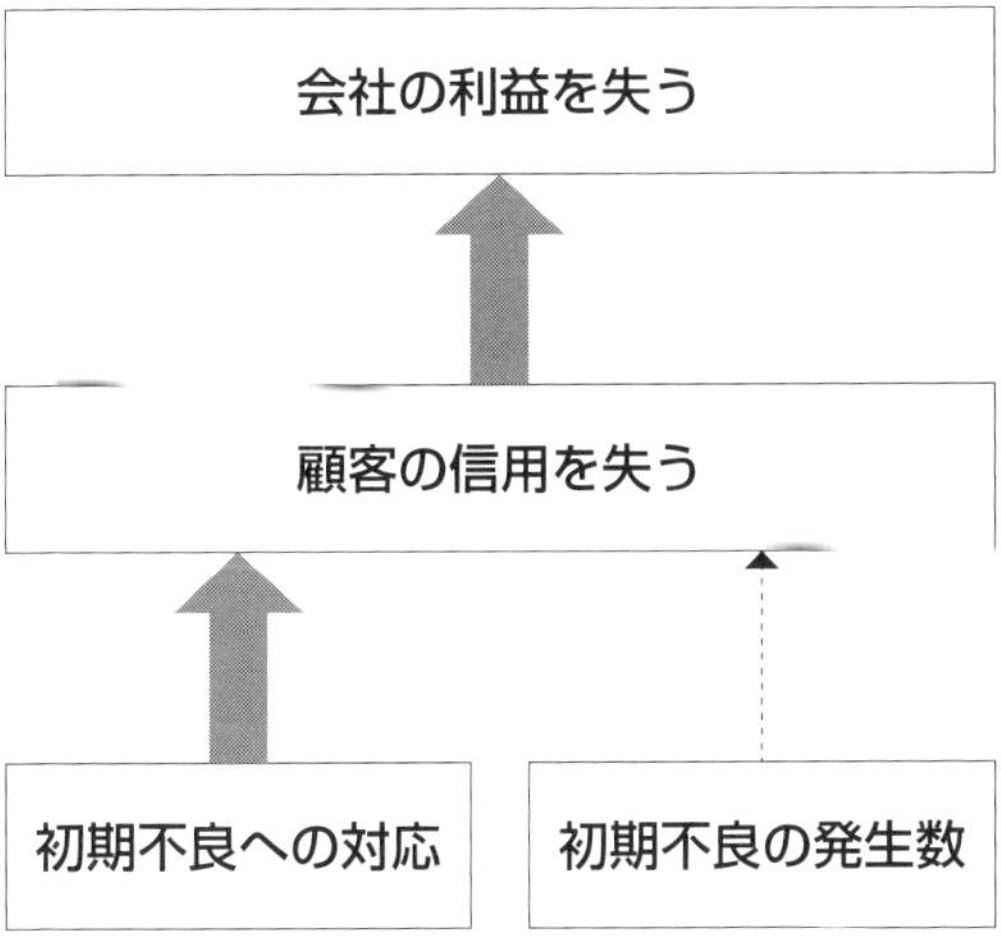

す。危機管理という言葉で表すのが適当なものです。

▼「適切な利益を確保」しながら悪循環を断つ

私たちは目の前の現象にとらわれずに「なぜ？」を考えて深掘りすることで、より本質的な問題にたどり着くことを目指していました。

たとえば、あるホテルの業績が悪いという現象を前にしたときに、「なぜ、業績が悪いのか？」を考えることで「既存顧客の満足度が低いから評判も悪く、リピーターも来ない」という問題を見つけることができます。

さらに、「なぜ、既存顧客の満足度が低いのか？」を考えることで、「宿泊施設」や「料理」といった項目にたどり着くことができます。

この作業において多くの場合、「現場でのオペレーション」の問題から、「経営環境」や「経営戦略」の問題に遡《さかのぼ》ることになり、さらには「経営理念」にまで遡ることもあります。

経営哲学に近く、経営判断に起因する問題が浮き彫りになるのです。そこで問題を発見できたのであれば、文字通り「経営判断」をして、問題に取り組むのです。

しかし、「経営判断」に起因するところまで遡れたとしても、その判断により解決に向かうかというとそうとは限りません。

最初の経営判断が、問題の最上流にあるとは言い切れないからです。

経営判断は、机の上で決められるものではありません。現場の状況を反映して、継続的に行なわれているものです。

よって、**現場の状況と経営判断は常に、相互に影響を与え合っていると考える必要があります。**

経営サイクルにおいて、問題を浮かび上がらせるときに必ず大きな影響を与えているのが「利益」という経営における血液です。

先ほどのホテルの例においても、既存の顧客から適当な利益を得ることができない、となると投資に関して偏《かたよ》りが出てきます。

そうすると、「集客」「施設」「料理」のどこかに不満が発生するのです。そして、そこに気づいて「施設」や「料理」に問題を設定して取り組もうとしても、結局、今度は「集客」などに問題が発生してしまいます。

「利益」は最終的な目標ではありませんが、経営判断つまり問題設定を左右するものです。常に、「適切な利益を確保する」という問題は合わせて考えるようにしてください。

▼「時間を稼ぐ」は後々大きな意味を持つ

影響力や悪い循環を断つという意味で、上位概念に当たる大問題よりも優先される問題もあるというお話をしてきました。

これは、経営には**「利益」や「時間」といった見えにくいものが関係している**

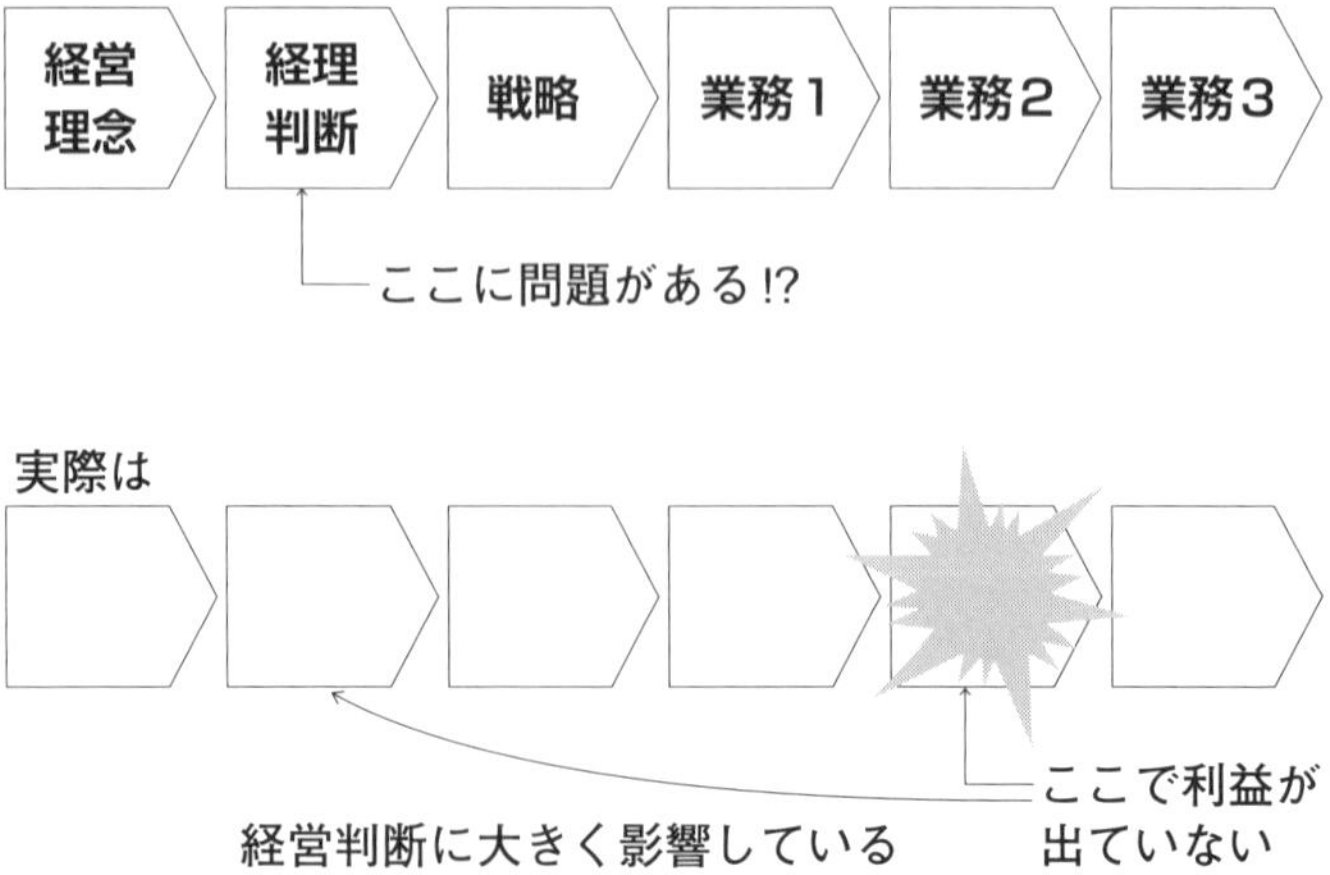

ことに起因します。

「利益」を気にしないビジネスパーソンがいるのかと思う人も多いと思いますが、普段の仕事では「利益」が分解されたなんらかの「指標」が与えられていて、それを目標にしているのが普通です。担当顧客からの「売り上げ」や、提出物の「期日」などです。同じように「時間」を稼ぐというのが、経営上非常に重要になってくる場面があります。

たとえば、救急医療の現場では、根本的な治療をするのに耐えられる状態ではない場合に、止血など最低限の生命維持のための処置をして温存し、時間によって体力の回復を待つということがあるそうです。

企業においても、経営戦略的にある事業から撤退して、新しい事業に集中投資すべきという判断がなされたときに、即座に撤退することの副作用が大きいことがあります。日本企業では撤退する事業部署ごと人員を解雇するのが難しいですし、そのような事例をつくると、その後の社内の士気に大きく影響を与えてしまったり、新しい人員の募集時に敬遠されてしまったりすることがあります。

ですから、根本的な解決にならなかったとしても「分社化」や「配置換え」などゆるやかな撤退、つまり「時間経過による自然消滅」という手段を取ったりします。

たとえば小学生の進学指導においても、「時間」が解決する部分に頼ることがあります。中学受験は12歳という身体的にも精神的にも成長の真っ只中で、個人差がとても大きい時期です。

精神的な成熟度によっては、どうしても出題される物語の登場人物の心情を理解できないこともあります。また、やるべきことと、やりたいことの優先順位が付けられず、ストレスを抱えてしまう子供がいます。

このような時期に無理やり受験に向けて「理解できない物語文の問題で正答を出すテクニック」を詰め込んだり、親や周りがおだてて、お膳立《ぜんだ》てして勉強時間を確保したりするよりも、3年後の高校受験のほうが効果的で効率的に対応しやすいという判断もありえるのです。

中学校での3年間の「時間」が大きく作用するという判断です。

3年間で驚くほど精神的・身体的に成長しますので、自己管理をしながら、無理のない問題に取り組むことで大きく能力を伸ばしていったという例は非常に多いのです。

3　優先すべき事情を反映させるには

▼3つが重なる部分に優先問題が隠れている

優先順位において、「誰にとって」という要素を欠かすことはできません。

たとえ、数字上とてもインパクトの大きい問題でも「会社にとって」重要でないと判断されるものは優先されません。

たとえば、ディズニーランドの入園料は他のテーマパークと比較して非常に高くなっています。コストも同様に高いでしょう。

しかし、それは改善の対象としては業績にもあまり影響しないと判断されていますし、企業イメージにも大きな影響はないと考えられているので〝会社にとって〟重要ではないと判断されています。

もちろん、この入園料を高いと感じる層にとっては非常に大きな問題ではありますが、会社にとっては大きな問題ではないのです。

かつては、有給休暇の取得率は理想とは大きくかけ離れていて、解決するとインパクトの大きい問題ではありましたが、〝会社にとって〟は重要ではないと判断されていました。

しかし、現在は従業員の有給休暇の取得率は会社の理念や評価に大きく関わるものなので、〝会社にとって〟重要なものになりました。よって、優先順位の高

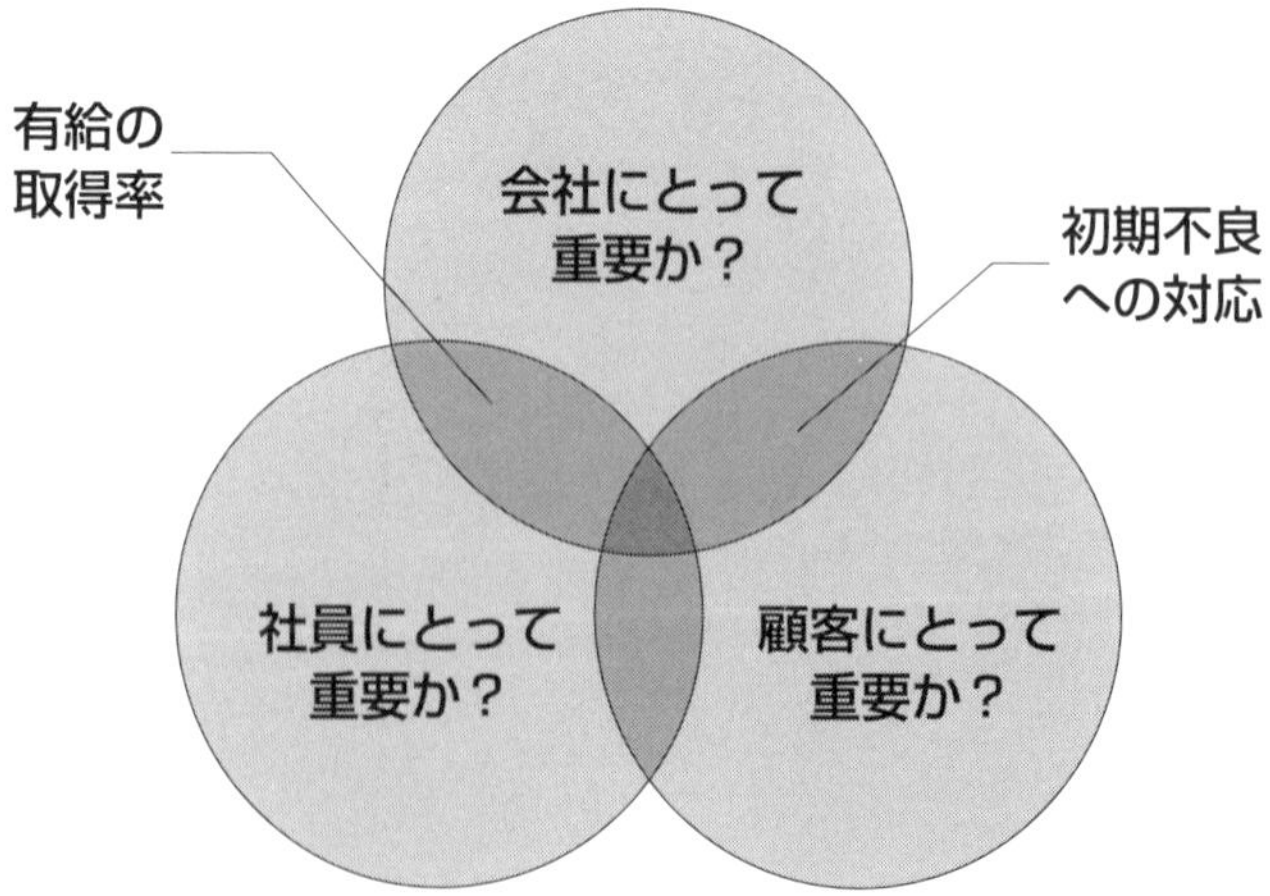

い問題になっています。

個人のやるべきことを考えるときにも、「誰にとって重要か」をしっかりと考えることが必要です。

もちろん自分だけのことを考えてもいいのですが、**会社にとって、家族にとってもどうかという視点でチェックすることが必要**でしょう。

下の図で考えて、３つが重なるものというのが取り組むべき問題としては最も優先度が高いのではないでしょうか。

誰にとって大切なことか？

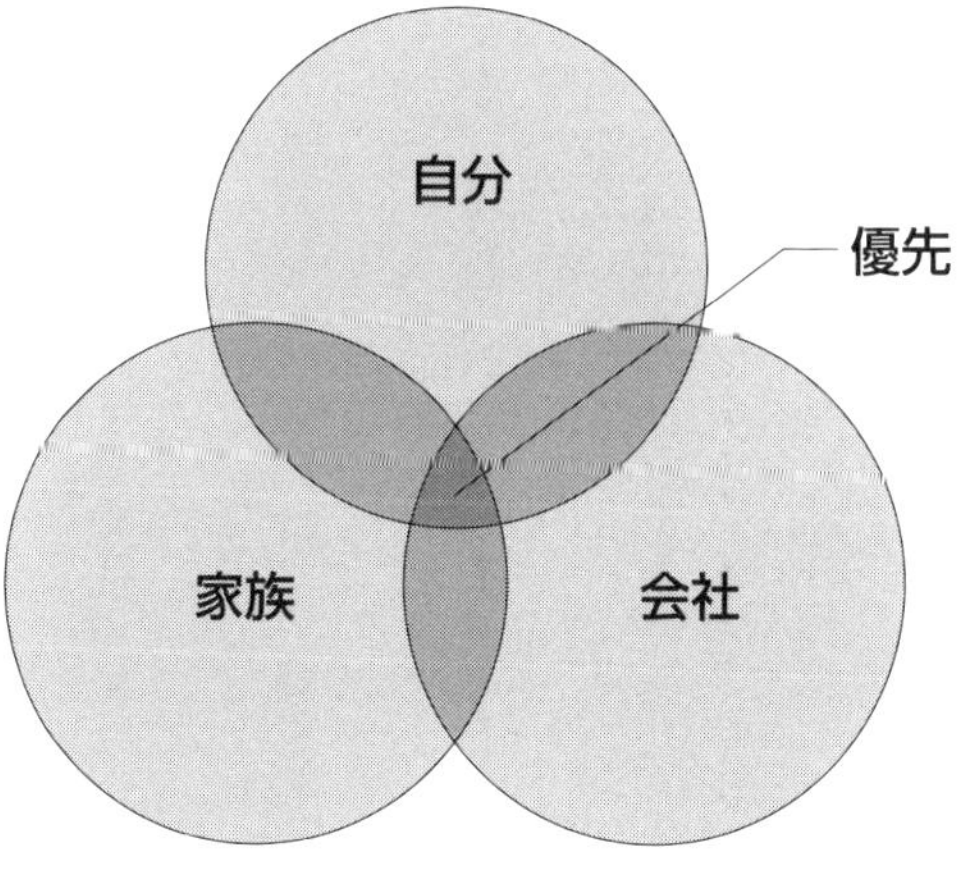

▼複数項目のしぼり込みをスムーズにする「点数化の技術」

「解決しやすく効果の大きい」という大きな理念のもと、問題の評価の仕方について個別にコツを紹介してきました。

しかし、**複数の項目を「総合的に」考えて、しぼり込まなくてはいけない場合もあります。**

経営判断、政治決断としてどれかに決めるのですが、それぞれの項目を点数化してみると見落としがなくなります。

どの項目を重視したいかという点については、加点や何倍かの係数をかけることで反映させましょう。たとえば、

- 結果のインパクトの大きさ
- 成功の確率
- コスト
- 社内外への波及効果

といった項目について5点満点で判断してみると下のような表になります。

ここに状況を勘案して、どの項目を重視するかという視点で係数をかけてみましょう。

たとえば、

・コストに関しては、財務状況を考えると重視したいので2倍
・確率に関しては、失敗時の財政的損失が厳しいので1・5倍

といった具合にです。これを反映させて再度表（次ページ表）をつくり直して

	A	B	C
結果のインパクト	3	4	5
成功確率	2	1	3
コスト	4	2	1
波及効果	1	4	3
合計	10	11	12

みましょう。

これにより、案Aについて取り組むことに決定となりました。

単純化されすぎていると心配するかもしれませんが、万能な基準を求めて立ち止まっていたり、いろいろな要素をごちゃまぜにして考えているうちに重要な項目についてチェックがモレてしまうほうが問題です。

	A	B	C	
結果のインパクト	3	4	5	
成功確率	**3**	**1.5**	**4.5**	**1.5倍**
コスト	**8**	**4**	**2**	**2倍**
波及効果	1	4	3	
合計	**15**	**13.5**	**14.5**	

4 都合の良いデータに注意

▼グラフで判断するときに気をつけるポイントとは？

私たちは判断をする上で、「数字」を非常に客観的で信用のあるものとして扱います。しかし数字は、「グラフ」に加工された瞬間から生き物のように**異なる意味やメッセージを発し始めます。**グラフで判断するときに気をつけたい、いくつかのポイントを紹介しておきます。

▼都合の良い資料集めをしないために「項目と目盛り」を公平にチェック！

必要な情報を集めることと、都合の良い情報を集めることは違います。自分のつくった問題設定から、解決までのストーリーを補強するための都合の良い資料集めになってはいけません。

前章でも説明しましたが、バッドストーリーにも耐えられるかどうかという検証は、のちの不具合への対応準備という意味でも非常に役立ちます。

また、**他者へのプレゼンの場合でも「うまくいかない場合」への配慮は信頼性を高めます。**

逆に、少しでも「この仮説はうまくいかない場合があるはずなのに、その点を考慮《こうりょ》していないのではないか？」という疑念を持たれてしまうと、それ以降の提案の信頼性が大きく失われてしまいます。

項目選びや目盛りの使い方は、公平であるかをチェックしてください。

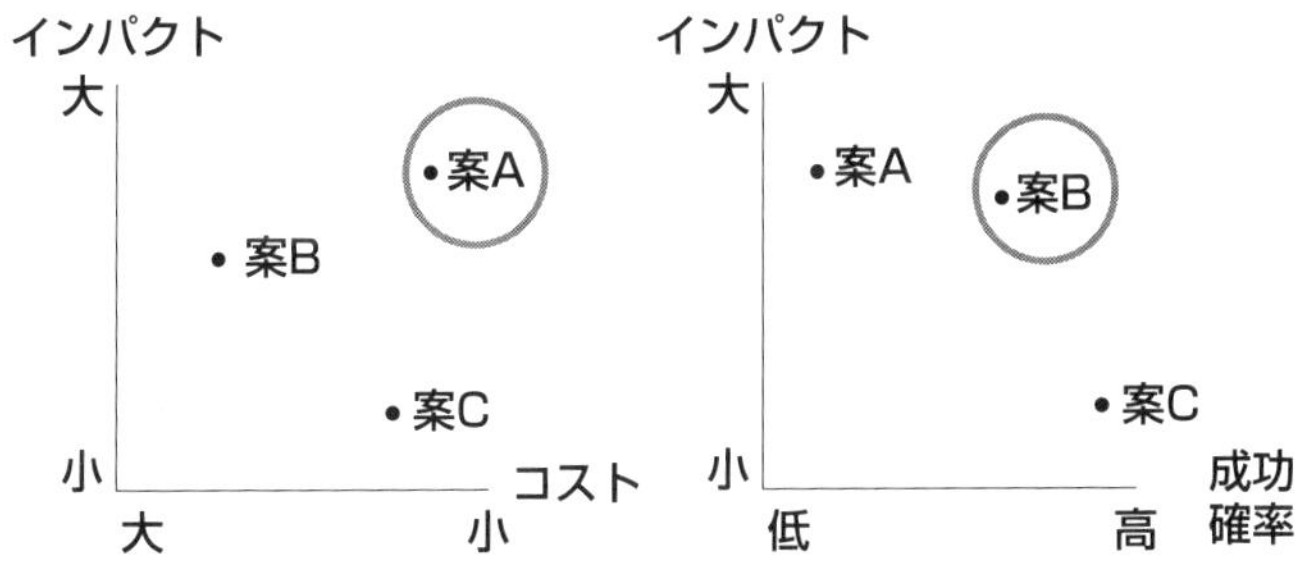

項目を適切に選んで検討しているか？

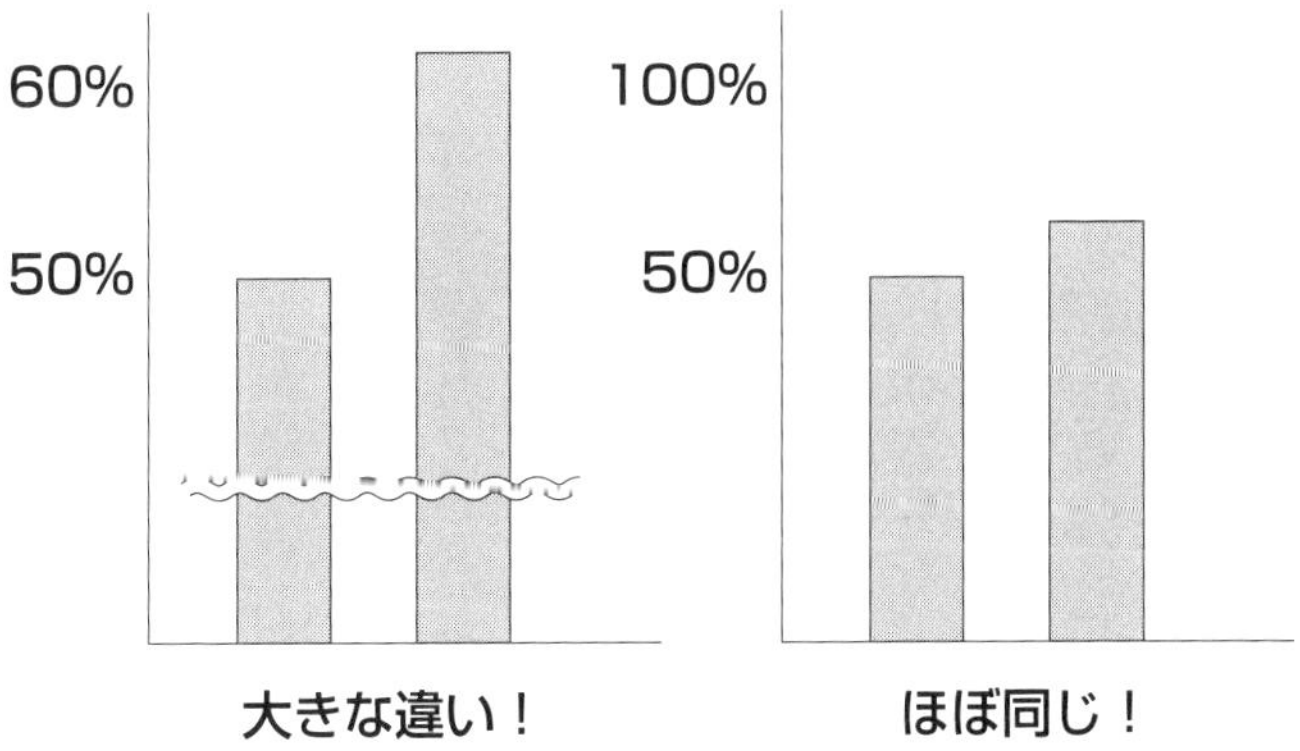

目盛りは適切か？

▼「マスクはどこで売るべきか？」

項目の選び方を工夫することで、潜在的に存在する差や集中を浮かび上がらせることができることがあります。たとえば次のグラフは人の属性ごとに「マスクの使用頻度」をグラフにしたものです。あまり差異はありません（次ページ上図）。

しかし、「いつマスクを使うか？」という「場面ごと」にマスクの使用頻度をグラフで作成すると次のようなものになりました（次ページ下図）。

このような情報があると「公共交通機関に乗るタイミングで購入できるように駅の売店で販売しよう」などと考えられるようになります。

人・場所・時間など、いくつかの分析のパターンを引き出しとして持っておきましょう。

マスクの使用頻度

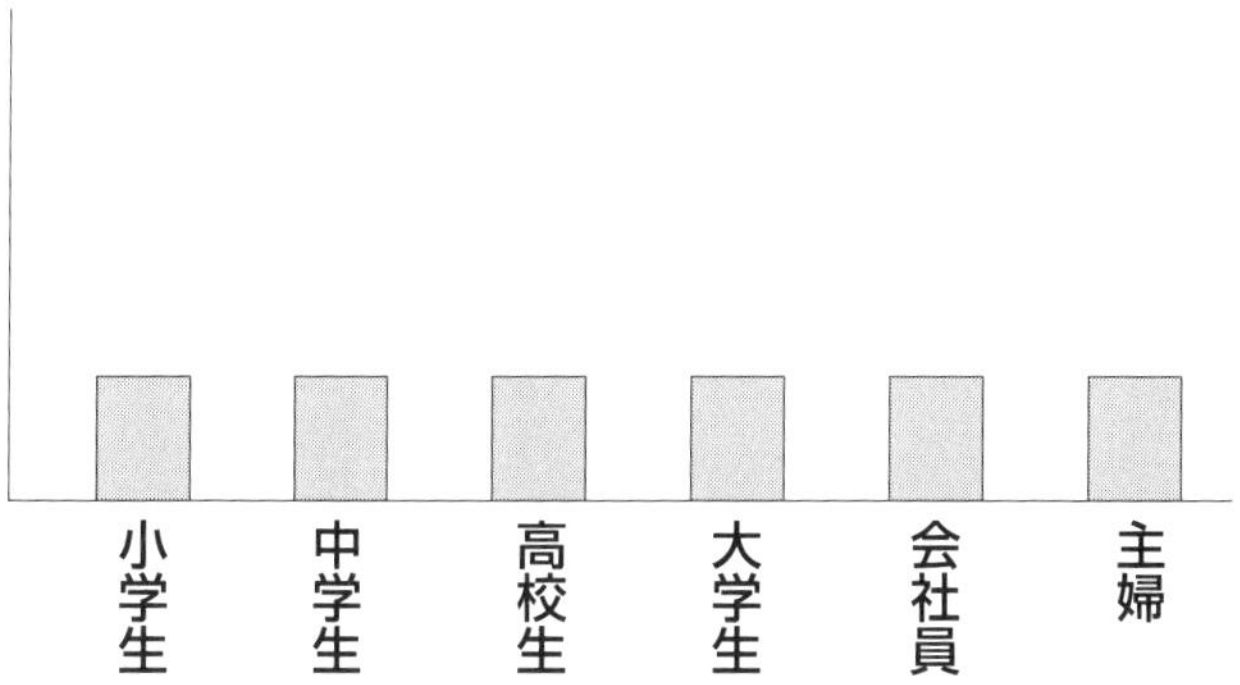

差はほとんどない

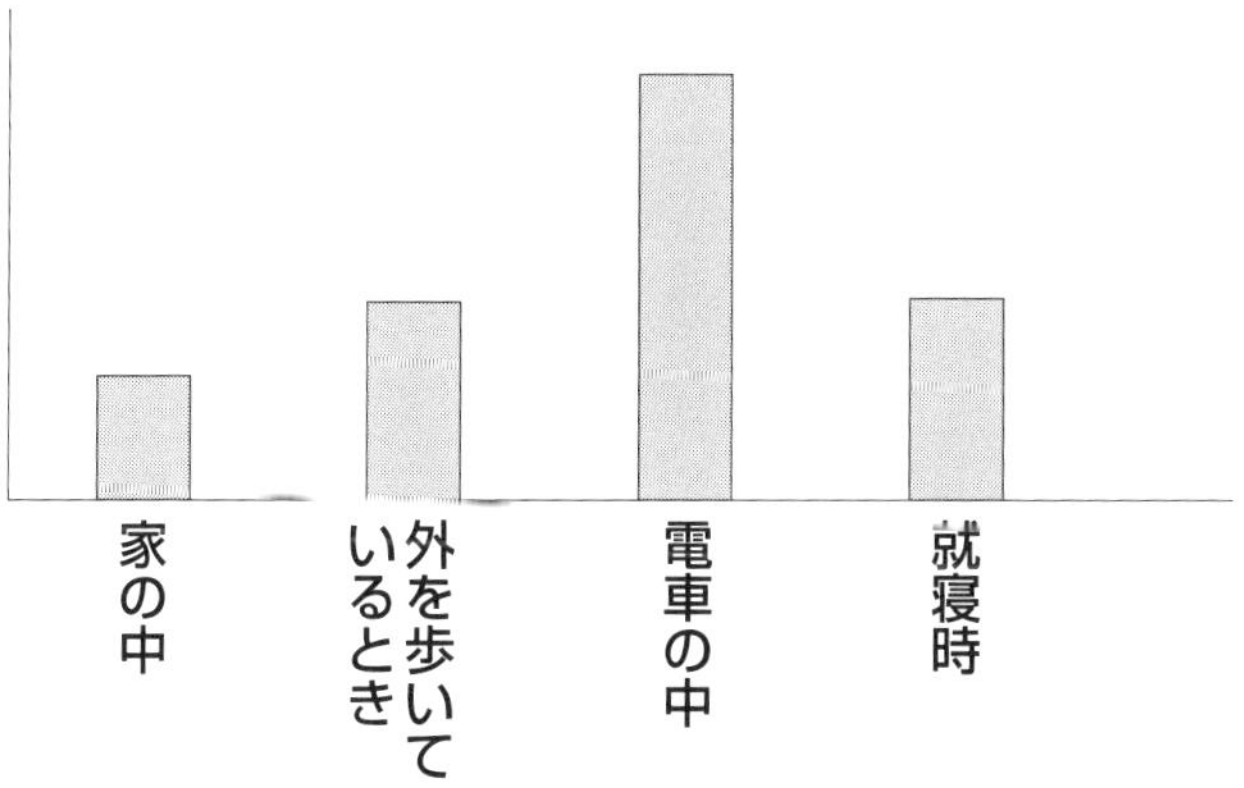

差が見つかり、打ち手を考える参考になる

▼項目をかけ合わせることを忘れていないか？

ある項目を考慮に入れていないことで、因果関係や相関関係が見えなくなってしまうこともあります。

たとえば、下のグラフは３つの学習教材A、B、Cを使った後の得点の伸びの平均です。あまり差は見えません。

しかし、ここに元の成績が下位、中位、上位という項目を追加して分類してみると属性によって、効果に大きな違いが浮かび上がってきます（次ページグラフ）。

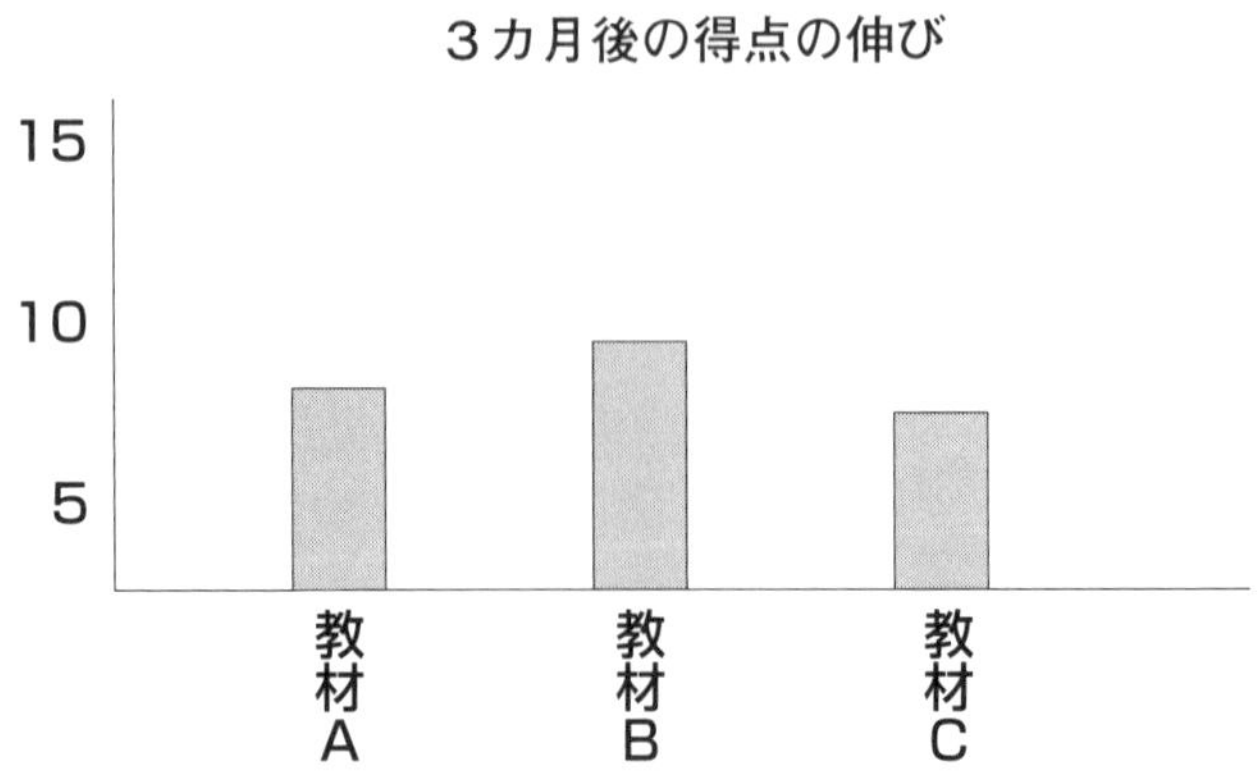

学習教材A、B、Cは元の成績によって効果に大きな差異があることがわかりました。

関係のありそうな項目についてかけ合わせて考えてみる、という試行錯誤は必ず検討してください。

▼比較したいものを見やすくする一工夫

比較したい部分以外の情報が含まれすぎていて、何が検討事項なのかが見えにくくなっているグラフもあります。

共通部分と比較したい差のある部分を

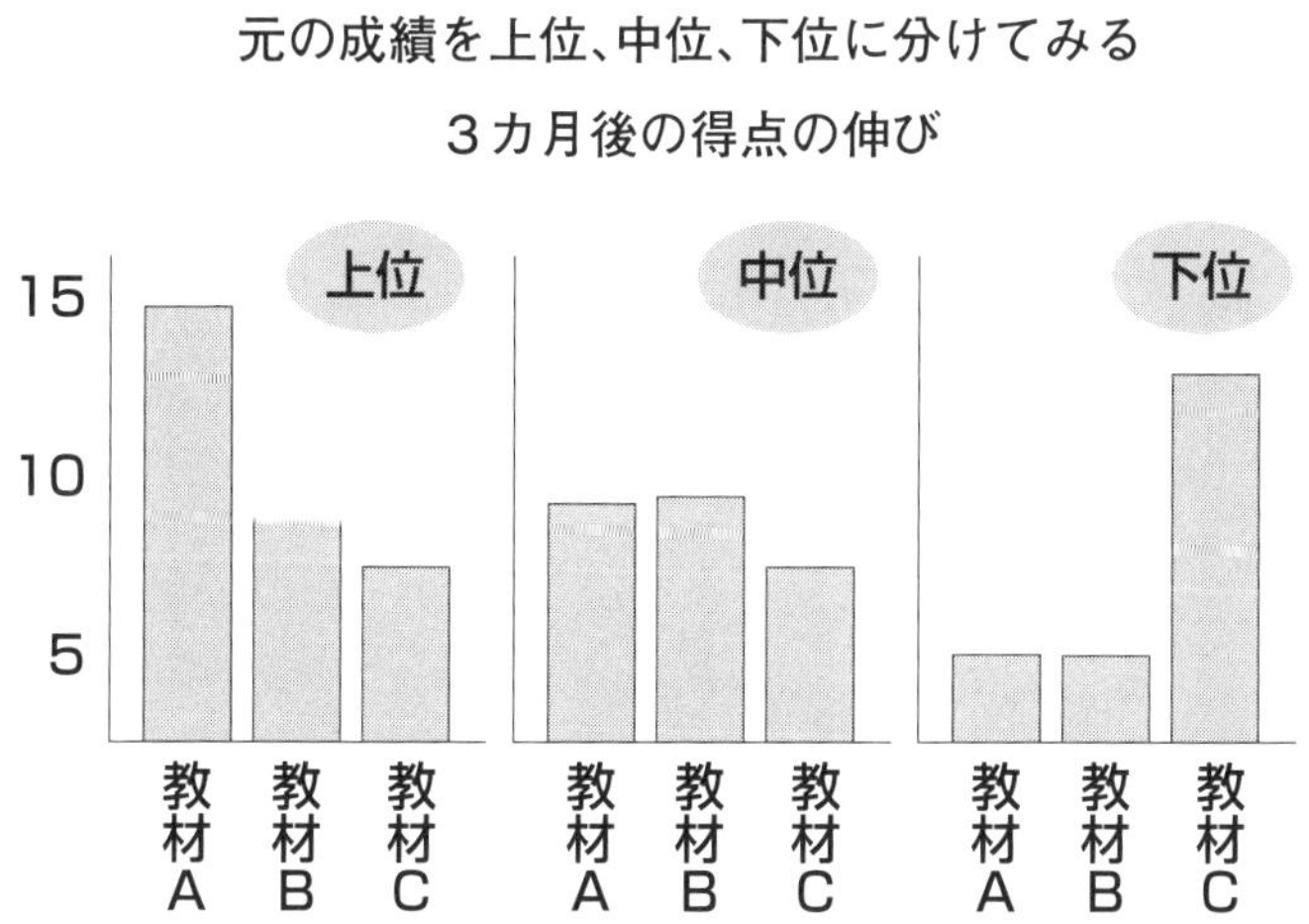

明確に区別したり、切り離しておくことで「目の前の選択肢はどこに違いがあるのか？」を把握しやすくなります。

次ページの図は、月曜から、テストの行なわれる土曜日までの習い事を比較したものです。取捨選択を検討しています（次ページ上図）。

2つ目の図では、それぞれの計画の違いが一目瞭然《いちもくりょうぜん》です。問題を設定して検証する際にも、どこが不具合の発生源かを突き止めるのに役立ちます。

問題設定をする際、数値の異常点に着目をするというのは基本です。ですから、公平な目線を持ちつつ、「どこかに隠れていないか」という姿勢で様々な項目を軸にして分析することは非常に重要です。

世の中には、様々な分析事例があふれています。多くの事例に触れて、分析力を高めていきましょう。

月
火
水
木
金
土
従来
塾
サッカー
ピアノ
塾
サッカー
そろばん
火
水
木
土
プランA
サッカー
ピアノ
塾
そろばん
月
金
土
プランB
塾
サッカー
そろばん

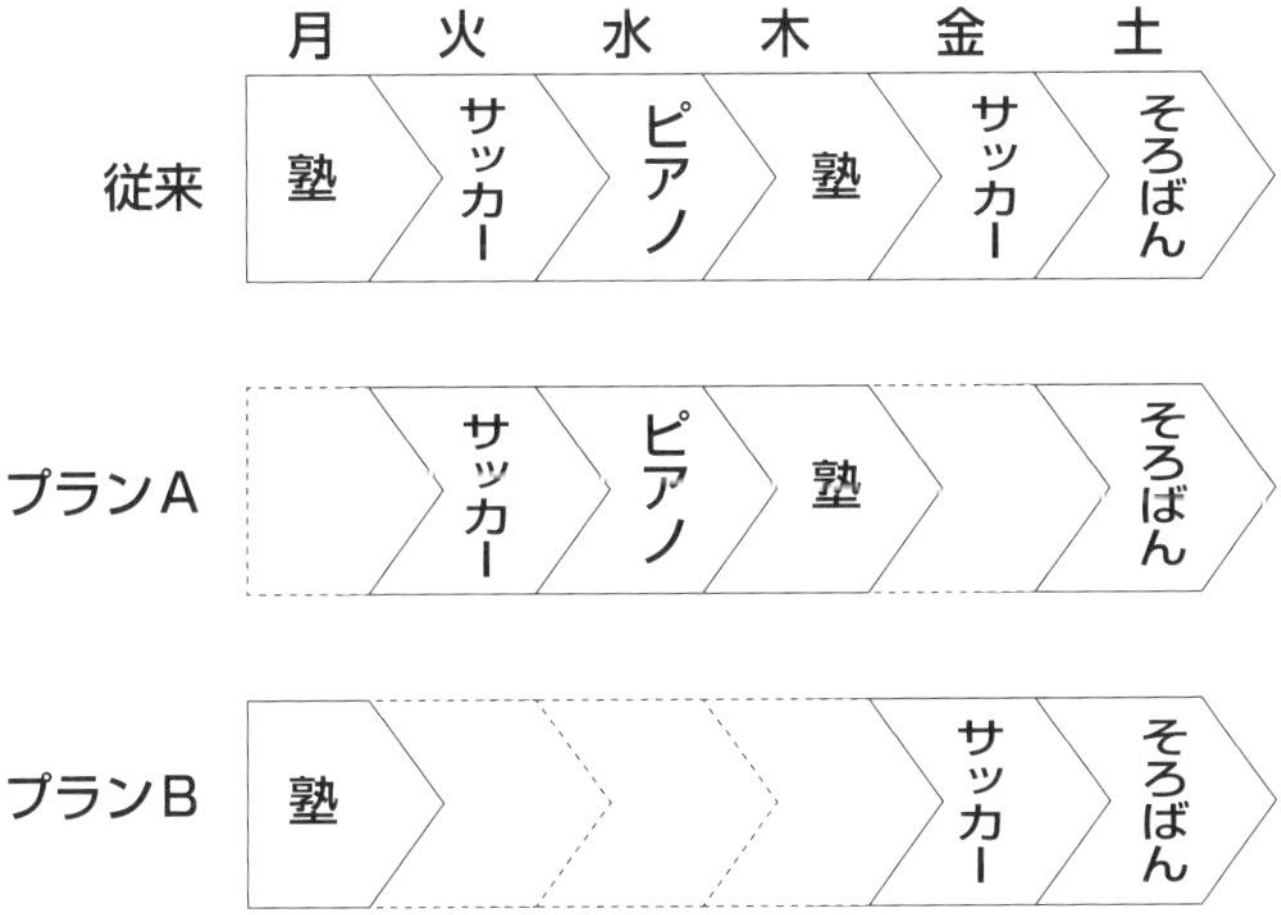
月
火
水
木
金
土
従来
塾
サッカー
ピアノ
塾
サッカー
そろばん
プランA
サッカー
ピアノ
塾
そろばん
プランB
塾
サッカー
そろばん

違いがわかりやすい！

▼「検証可能な形」にしてPDCAを回そう

一流の料理人は味をつくりあげるときに、すべての試作品についてどのような工夫をしたかを記録しておくことで比較可能な状態にしています。

いろいろな調味料を工夫して、なんとなくおいしいものができたということでは再現が難しくなるからです。さらに、より良いものができるかもしれない、という後の工夫の余地をなくしてしまいます。

問題設定と解決は、一度で終わりではありません。完璧な解決などありえませんし、またいつ同じような問題が発生するかわかりません。

PDCA、つまり計画を立てて(P)、実行して(D)、評価・反省して(C)、改善していく(A)。そして次の問題設定に活かすのです。

問題設定を勉強したり、問題解決について勉強したりすると、ベストな解を見つけられるようになるかというとそんなことはありません。常に経験を次に活かすことが大事なのです。

その点で、問題設定について気をつけてほしいのが「検証可能な形で実行する」ということです。

たとえば、問題設定にダブりがあったり、同時にいろいろな問題を設定して取り組んでしまうと分析がしにくくなります。

その結果についてどの打ち手の効果があり、どの打ち手の効果がなかったのかについて分析しにくいからです。

繰り返しますが、必ず次があるのです。**一度で大がかりに解決してみようという気持ちを抑えて、ＰＤＣＡまで含めた計画を立てましょう。**

工場の業務改善では、どの工程をいじるとどの工程に波及効果があるのかを考えます。同時に取り組むよりも、一つひとつの工程を変更してみて、それぞれの実験結果を比較することが次の打ち手を考えることに役立ちます。

たとえば、電車とテレビと雑誌に同時に広告を打つのであれば、どの広告から反応があったのかを見分けるための仕掛けをしておく必要があるのです。

第６章のポイント

すべてに取り組むのではなく、取捨選択をする。

解決のしやすさと効果の有無を検討する。

工夫をして、

特殊な事情を判断に反映させることができる。

データの扱いは公平・有効にする。

第7章

起業家たちの問題発見・問題創造

成功した企業は3つのパターンを打ち出していた！

▼「テレビのリモコン機能を持った時計」には問題自体が存在しない

成功している起業アイデアと、うまくいかない起業アイデアの違い――。

この差は、問題設定力の違いで生まれます。

さらに言うと、うまくいっていない起業アイデアは、そもそも問題を設定していないことも少なくありません。問題を設定せず、打ち手の新しさのみに固執しているのです。

たとえば、かつてテレビのリモコン機能を持った腕時計が発売されました。テレビのリモコン機能を腕時計に搭載《とうさい》するというのは、目的ではなく解決策です。

それによって、「誰かが困っている」という問題を解決しなくてはいけません。

しかし、そもそもテレビのリモコンを腕時計で実現してほしいという問題自体が存在していなかったのです。

この章では有名な企業や製品がどのような問題を発見し、設定してきたのかを分析していきます。

１　既存ビジネスのＶＣを分析して問題を見つけ出したタイプ

２　既存ビジネスの顧客が感じている問題を発見して生まれた、巨大な二番手タイプ

３　問題のなかったところに問題を創り出したタイプ

大きく分けてこの３つのパターンを紹介していきます。

1 既存ビジネスのＶＣを分析して問題を見つけ出したタイプ

▼ＶＣの後半部分に着目して成功するベンチャー企業

まずは、「既存ビジネスのＶＣを分析して問題を見つけ出したタイプ」からご紹介しましょう。

現状を分析するフレームワークとしてＶＣ（バリューチェーン）を紹介しました。まずは、このＶＣ分析をする中で商売のネタとなる問題を見つけたベンチャー企業を見てみましょう。

１章で紹介したＺＯＺＯＴＯＷＮは、既存のアパレル企業が苦手としていたネット販売、梱包、発送という工程を代行している企業です。

既存のアパレル企業にとって対面販売を単純に延長するだけではネット販売に対応できないという問題に、いち早く高品質のサービスで対応しました。

このように、VCの後半部分を苦手とする業界にサービスを提供するベンチャー企業は増えています。

「プラネット・テーブル」は、こだわりの農家や畜産農家がその食材を利用したい飲食店への販売を簡単にできるプラットフォームを提供しています。

農業は、生産自体に大きなパワーがか

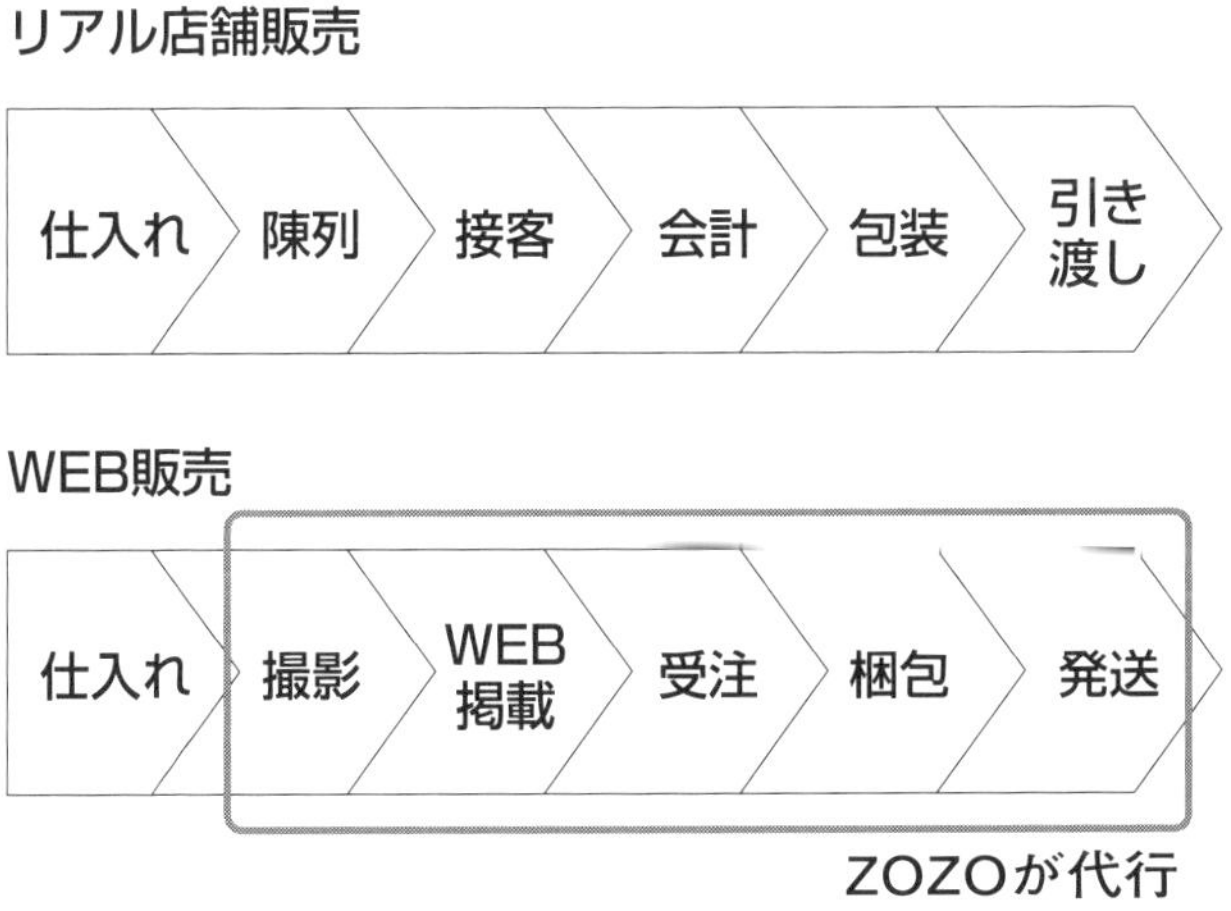

かるため、営業や販売・物流はほとんど農協への外注をします。よって、この部分のノウハウが全くありません。そこに目をつけたサービスです。

「Ｃｒｅｅｍａ」は、個人のクリエイターが手がけるカバンやアクセサリーなどを専門的に扱うネット商店です。

こちらも個人のクリエイターは製作活動は専門であっても、販売・物流は専門外ですし、そのための人材を雇う余裕もありません。ＶＣで言うと、生産まではできるのにその後ができない人々です。

売り物を持っていても、売るのが苦手である。ＶＣの「販売」を苦手とする人たちへの代行サービスであるとも言えるでしょう。

そして、この考えを「商品を持っているが売るのが苦手な企業」から、「実は商品になるものを持っているのに、売ることを考えたことがなかった個人」にまで広げたのがシェアリングやマッチングと言われるビジネスです。

Ｕｂｅｒは個人の車の空いている席を「商品」と見立て、それらを所有している個人に対して「販売」を代行するサービスだと言えます。Ａｉｒｂｎｂも同様です。

▼〝使われていない個人資産〟を使えるようにしたＵｂｅｒ

アメリカでは、流しのタクシーを見つけることが大変です。車の質や運転手のサービスについても非常に不満が多い。

アメリカの街頭に立ってタクシーを探すとなかなか捕まらないにもかかわらず、目の前を空席のある私用車が数多く行き交っていたのです。

誰か乗せてくれないか？

これだけの車が走っているのであれば、どれか1台くらいは同じ方向へ行く車があるのではないか？

有料でもいいから、その車に今すぐ乗れないか？

それが、Ｕｂｅｒの設定した問題でした。

ここまで設定できると、解決はスマートフォンによって素早くなされました。乗せても良いと考える人たちと、乗りたいという人たちを簡単に出会わせてくれるアプリが開発され、瞬く間に広がったのです。

このサービスは、流しのタクシーの多い日本の都心部ではあまり要望がないようです。問題が存在していないからです。しかし、流しのタクシーの少ない地方過疎地域では実現の要望が大きくなってきています。

これは従来、企業しかサービスを提供できていなかった業界に、**「個人でもサービスを提供できるようにすることで、低価格化と個人資産の効率活用を実現する」**という問題を設定した例です。

企業のみが独占していたときよりも、若干サービスの質は下がっても結果的に提供できるサービスの量が増えるのです。

この視点で問題を発見して、生まれて

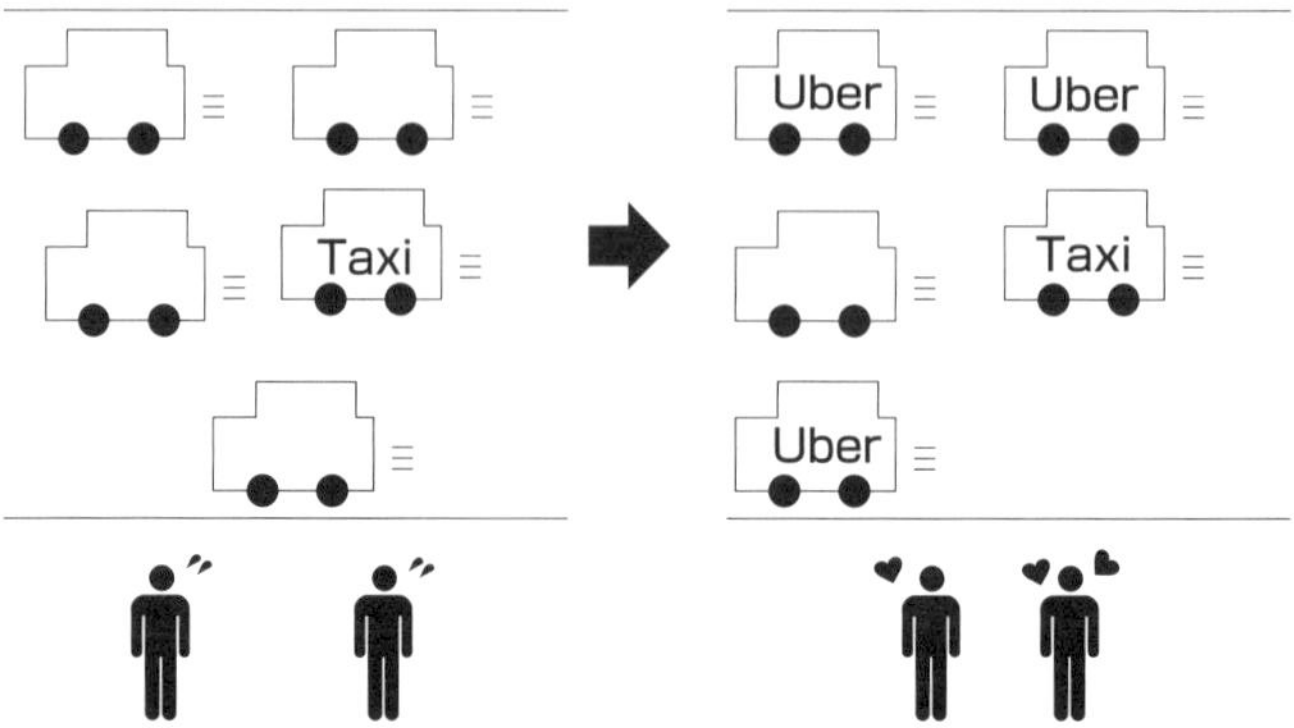

普通の車とドライバーに対して「ルート発見力」と「会計システム」を提供して、商売できるようにした

いるサービスはかなり増えてきています。

民泊《みんぱく》斡旋《あっせん》サイトのＡｉｒｂｎｂも同様です。ホテルが見つけられなくても、見渡せばその瞬間に使われていない部屋は山ほどある。それを使えるようにとＩＴで結びつけたものです。

▼注目を集める「シタテル」は、どこに目をつけたのか？

「シタテル」は、アパレル業界の最も大がかりな「生産」の工程に問題を見つけた企業です。アパレル企業や個人のデザイナーが、洋服のデザインをしたら次は生産です。アパレル工場は非常に大規模かつ複雑な工程に分かれているので、工場探し、交渉、契約は非常に大変です。しかも、基本的に大規模発注です。

そのような**「生産」の工程を代行しようというのが、「シタテル」**です。

工場の稼働状況も把握して、小規模な発注にも対応可能な工場を臨機応変にマッチングしてくれます。工場にとっても、閑散期を小ロットでも稼働し続けられるというメリットがあります。

▼あらゆる工程の短時間化に成功したサウスウエスト航空

サウスウエスト航空は、飛行機のVCを徹底的に細分化して分析、あらゆる工程で「時間短縮」という問題を設定し、解決することで、効率的な運航と低価格を実現した航空会社です。

飛行機が到着すると、

・荷物を積み込む
・掃除をする
・乗客が乗り込む

という工程を経て出発します。

なんとかしてこの時間を短縮したいサウスウエスト航空は、さらにこの工程を分析しました。すると、

・荷物を積み込む

という工程には、

・その空港から乗り込む乗客

と、

・乗り換えで乗り込む乗客

の荷物が2つに分かれて積み込まれていることがわかりました。

・乗客が乗り込む

過程も同様に、

・その空港から乗り込む

と、

・乗り換えで乗り込む

という2つの流れがあったのです。

いずれも、乗り換え客が遅れることで時間がかかっていました。そこで思い切って乗り換えのない直行便にしぼり込みます。それによって、大空港を使う必要がなくなり、空港使用料も下がりました。

・掃除をする

についても
・掃除担当者が乗り込む
という時間を減らすため、客室乗務員が担当するようにしました。
VCを細分化し、徹底的に問題を見つけ出すことで、航空機の稼働時間を増やし、コストを下げて運行することに成功したのです。

どこに問題が隠れているのか？　を探すには、虫眼鏡を使うように拡大してものを見る必要があります。フレームワークは拡大だけでなく、場面を見やすく整理してくれる機能を持っているのです。

▼貧困層への融資を目的としたグラミン銀行の「5人組制度」

銀行の重要なビジネスはお金を貸し出して、利子によって儲けを出すことです。その過程では、
1　見込み客に接触

2　営業
3　審査
4　契約
5　回収

という流れがあります。

この中で重要なのは「審査」です。

きちんと返してもらえるのか、を検討することを「与信審査」と言います。絶対に返してもらえそうな優良な見込客は、どこの銀行からも奪い合いになるので、利子を低くしたりします。怪しい場合は利子を高くしたり、担保を取ったりするのです。

グラミン銀行は、バングラデシュで貧困層の人々への融資を目的に設立された銀行です。１９８０年代に本格的にサービスを開始しました。

利益度外視のボランティア事業ではなく、現在に至るまで利益を上げてサービスを拡大しています。利用者も1万人ほどだったのが、８００万人を超えるまでになっています。

貧困層への貸付というのは、簡単ではありません。日本国内の例を見るまでもなく、大きな銀行が取引をしない貧困層の返済率は高くなく、そもそも担保も持ち合わせていません。利率を異常に高くしてもなかなか回収は大変なのです。

つまり、銀行のお金を貸すビジネスは「返済能力を見抜く能力を他の銀行より持っているか」にかかっているのです。

よって「資産」をしっかりと審査します。換金できる土地などはもちろん、「商品の将来性」や「営業能力」「これまでの返済実績」なども重要な資産です。

そのため、貸出先に目を光らせてアドバイスをしたり、場合によっては取引先を探してきたりして返済能力を高めるようとするのです。

グラミン銀行は、バングラデシュの貧困層の「資産」を考えました。**そこで目をつけたのが彼らの「地縁」**です。

換金可能な資産は持っていませんが、彼らは何より地域の人とのつながりを大事にします。それは、他の地域へ引っ越して突然仕事を始めるのが難しい、という現実的な理由もあります。

グラミン銀行は、お金を貸し出すときに「5人組」をつくらせました。

それによって、5人組の中の誰かが返済を滞らせたら、他の4人は今後借りること

ができなくなるというシステムをつくったのです。これにより、

・相互監視
・相互扶助

などの効果が働くので、高い返済率を実現したのです。

他にも1の「見込み客に接触」の工程において、個人融資にもかかわらず銀行職員が村を訪問して契約を結ぶという従来のシステムとは違う工夫をしています。

VCを分割して一つひとつの問題点を浮かび上がらせていくことで、新しい顧客に対応できるサービスを構築した例だと言えるでしょう。

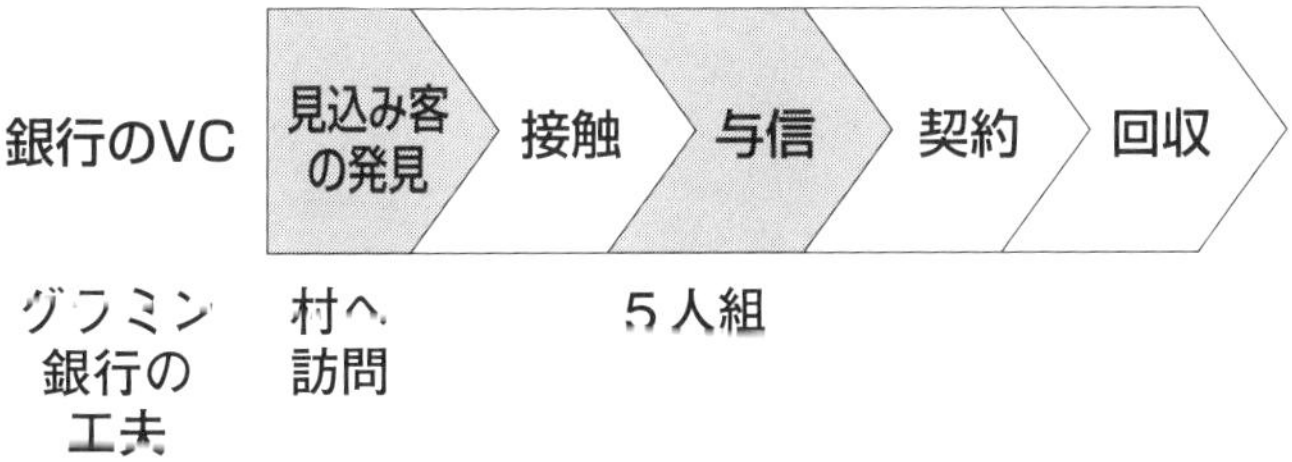

貧困層を相手にするときのボトルネックを的確に発見して問題に設定した

2 既存ビジネスの顧客が感じている問題を発見して生まれた、巨大な二番手タイプ

▼直接ユーザーに触れ合うことで見えてくる「問題を抱えたままの顧客たち」

ここからは、「既存ビジネスの顧客が感じている問題を発見して生まれた、巨大な二番手タイプ」のアイデアをご紹介します。

5章で紹介した「現場の情報」や「インタビュー」という「生の情報」を活用して、それまで見えていなかった問題を見つけ出せたベンチャー企業の代表はメルカリではないでしょうか。

▼ヤフオクを使わない人をターゲットにしたメルカリ

個人が不要なものを売ることができるサイト。これは20年近くヤフオク（ヤフーオークション）の独壇場《どくだんじょう》でした。

そこに後発で登場したのが、フリマサイトのメルカリです。

ヤフオクはオークション形式、メルカリは固定価格のフリマ形式ではありますが、同じ市場を狙ったサービスのように見えます。

このようなサイトはそこを訪れている顧客の数が重要なので、二番手企業には存在価値があまりありません。現にヤフオクのひとり勝ちの陰で、イーバイやビッダーズという同様のサイトは消えていきました。

しかし、メルカリはニッチどころかすさまじい規模にまで成長しました。これはもはや、ヤフオクとは違う市場を切り開いたとしか言いようがありません。

それは、「ヤフオクを使わない人」を徹底的に狙った問題設定力がキーになったと考えられます。

- オークションを待つのがめんどう
- オークションは、身近じゃなくてなんだか怖い
- すぐに売りたい
- 売りたくない人には売りたくない
- 身元を明かさずに売りたい
- 写真はスマホでしか撮らない
- 郵送会社と触れ合う機会が少ないのでよくわからない
- コンビニがあらゆるサービスの起点

メルカリは、ヤフオクを使わないこういった属性の人たちにかなり細かく対応しています。

おそらく、ヤフオクが重要だと考えた項目とは全く相容れない要求に応えているのです。つまり、ヤフオクの市場とは全く別の市場に向けたサービスだと言えるでしょう。

メルカリは、マジックミラーを設置した部屋の中でスマホを使用してもらい、「顧客はどこに問題を感じているのか?」をあぶり出すための観察・分析までしているそうです。

メルカリは、フリマアプリとしては日本初ではありませんでした。しかし、この徹底した分析力と問題設定力のレベルの高さとスピード感が、ここまでの成功のカギだと思われます。

ヤフオクとメルカリの事例のように、一見すべてを押さえているように見える既存サービスでも、完成されたサービスゆえに全く視界に入っていない顧客が残されている場合があります。

アンチもしくは対象外の人たちをまるごと手に入れれば、かなり大きな市場になることもありうるのです。

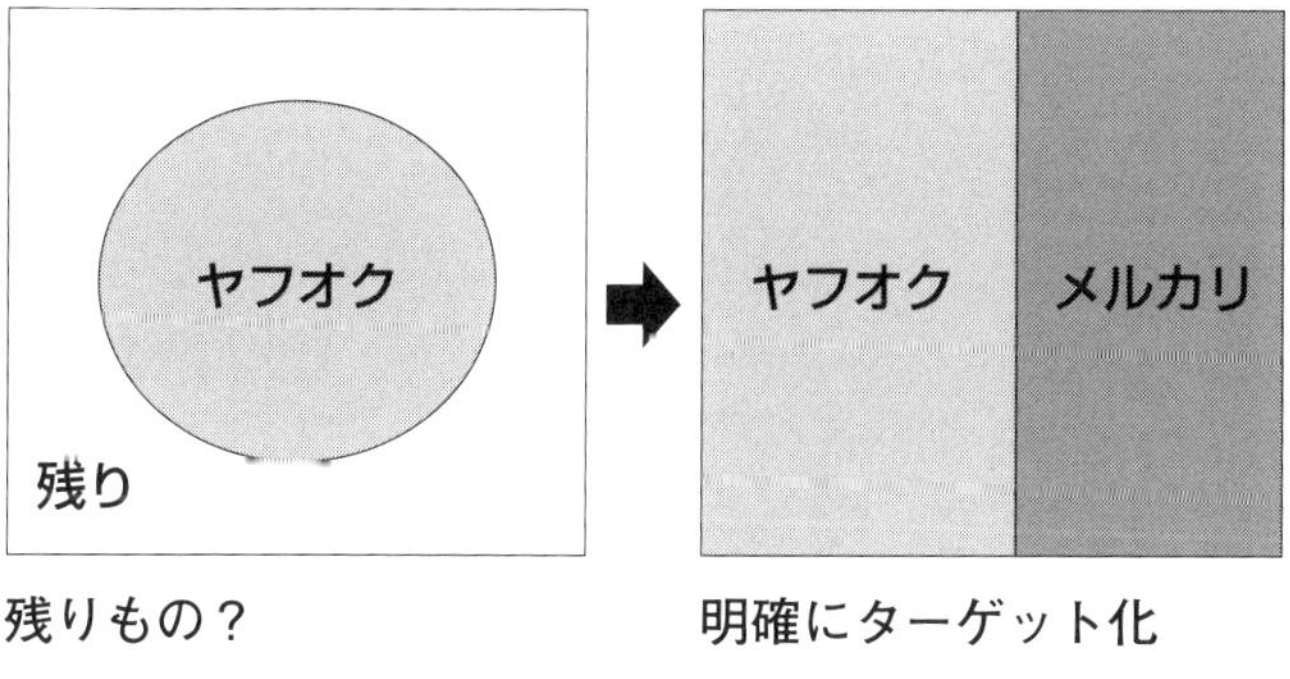

残りもの？　明確にターゲット化

▼〝図書館型〟のクックパッドと「テレビ型」のクラシル

料理をしたい人が参考にする巨大サイト、クックパッドをご存じでしょうか。利用者から投稿される料理レシピは300万近くになります。

料理をしようと思ったときに、使いたい食材などを含めて検索すれば様々な料理レシピが表示されます。

そこに後発としてクラシルというサイトが登場しました。

クックパッドは、検索すると細かいレシピが表示されます。

それに対して、クラシルは動画でつくり方を表示します。クラシルはクックパッドに対して、「動画」であることで優位を取ろうとしているかというと、そうではありません。

クックパッドは検索、つまり能動的に「何かをつくろう」という意識の働く人が利用しやすい図書館のようにつくっています。

それに対してクラシルは、アプリを眺めながら「何かつくれるものないかな？」という料理をしようという**意識の低いユーザーに対して、戦略的にレシピ動画に注目させて引き込むということに注力**しています。テレビに近い存在です。

そして、そういう受動型の人間のほうが割合としては圧倒的に多いのです。クラシルの動画はプロがつくっています。データとしての数はクックパッドには全く及びませんが、受動的に閲覧してもらうには必要充分な量だと考えているようです。

ヤフオクとメルカリの関係と同様、似ていて全く異なる市場に問題を設定していると言えるでしょう。

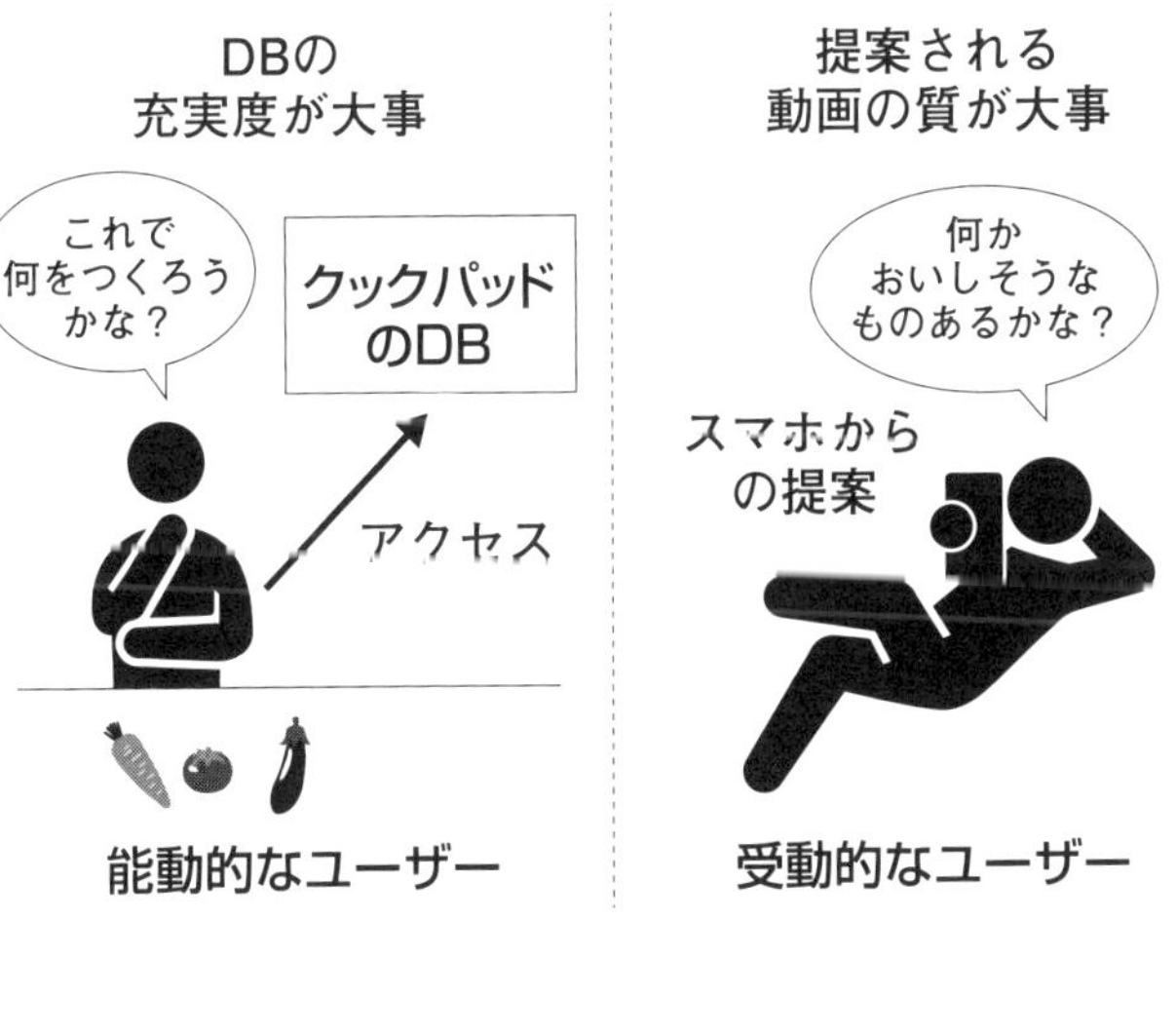

▼後発「すき家」は「吉野家」のライバルではない

牛丼といえば吉野家を思い浮かべるでしょう。松屋やすき家はやはり二番手、三番手という印象をお持ちの人が多いはずです。

吉野家は1958年、すき家は1982年の創業です。松屋よりも20年以上後発のすき家ですが、実は吉野家1100店舗ほどに対して、1900店舗を超えています。

この結果は、すき家が吉野家が解決できていない問題をしっかり把握して拾い上げたという戦略にあります。

牛丼屋の顧客は圧倒的に男性のひとり客です。しかし、牛丼屋の提供している「ファミリーレストランよりも手軽に安く食べることのできる外食」は、様々な層が求めていて、価値があります。

特に、女性やファミリー層にとっては魅力的です。しかし、吉野家はその層が入りやすい店舗もメニューも用意できていませんでした。

ここを嗅《か》ぎつけたすき家は、「女性」「ファミリー」を徹底的に分析していったのです。

吉野家は目の前にすでに多くの顧客を抱えていました。しかし、引いた目で見れば「男性のひとり客」というのは世の中の顧客全体からすると、かなり偏ったものです。

目の前の顧客が抱えている問題を解決してあげることも大切ですが、もっと大きな問題を抱えて、自社を素通りしてしまっている層がいることも常に気にする必要があります。

「顧客・現場の声をしっかり聞く」ことで既存のサービスが対応できていない層とその要望を見つけ出す事例を紹介しました。これは、

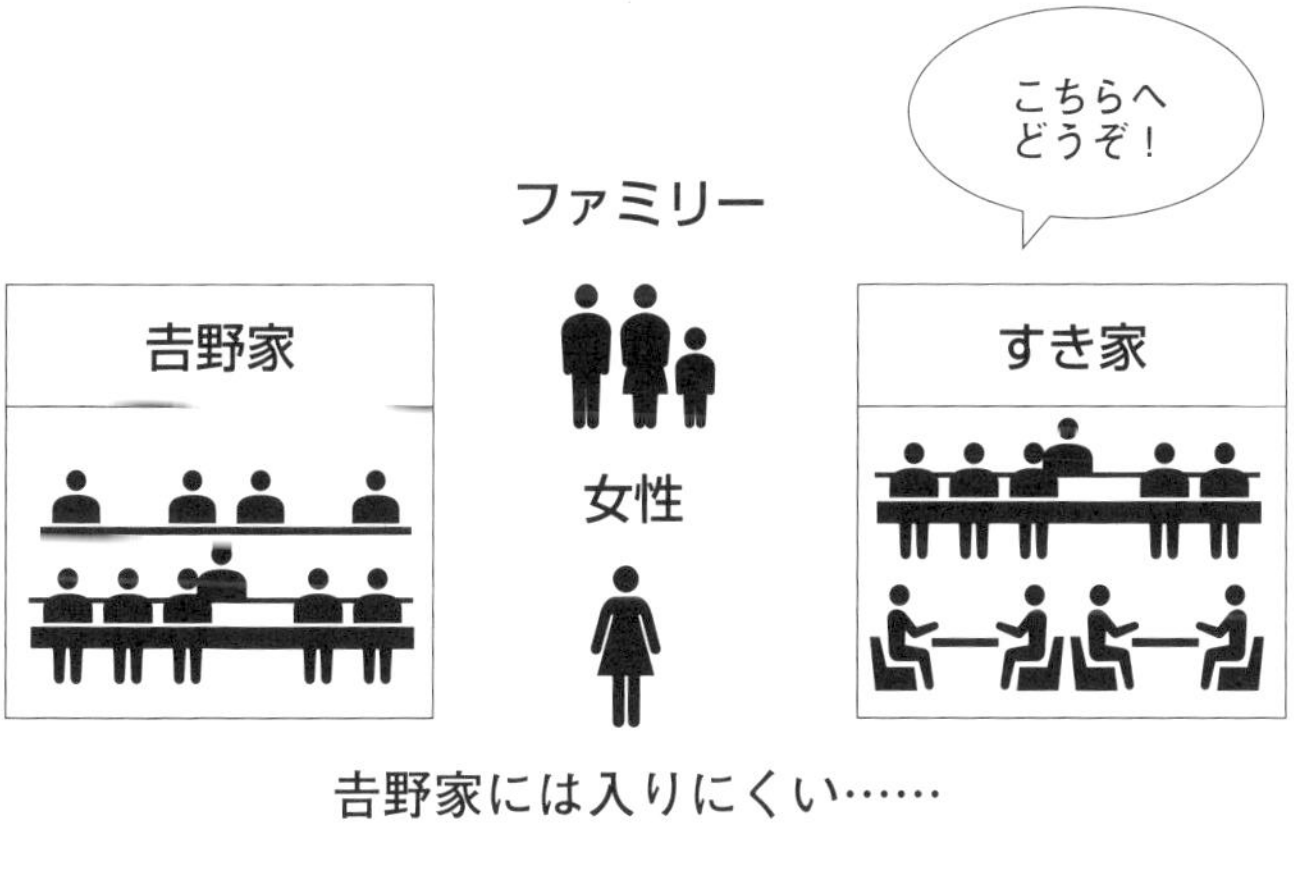

【セグメンテーション】 市場や顧客をグループ分けする
【ターゲティング】 自社の強みを発揮できる市場を見つける
【ポジショニング】 自社の相対的な位置を決める

というようにまとめられて、STPというフレームワークとしてフィリップ・コトラーが紹介しているものでもあります。

既存のプレイヤーは、世の中すべての人の問題を解決しているわけではありません。彼らが「誰の」「どのような問題」を扱っているのかを正確に分析できれば、後発者が攻めるべき問題はどこかというのが見えてくるものです。

▼天性ではなく地道なリサーチで問題は見つけられる

「ベンチャー企業はアイデア勝負だ」と思っている人は多いものです。

たしかに、一般的に消費者向けのサービスは問題設定が難しいと言われています。消費者自体が「困っている」ことに気づいていなかったり、似たサービスだと「問題解決力」を厳密に判断するよりも「好み」によって使用頻度が決まってしまうからです。

しかし、多くのビジネスは**全く新しいアイデアというよりも、現状をしっかりと分析して問題を見つけ出すことで「今までより利益が上がる」「今までより効率が上がる」を実現できれば充分存在価値がある**のです。

どこに利益を上げるポイントがあるのか、どこに時間を稼ぐポイントがあるのか、は現場をしっかりと見て分析することで見えてきます。

門外漢が思いつきで参入することが難しい分、すでに働いている人たちがその経験を活かせるという点では、起業アイデアとして地味ですが確度は高くなるはずです。

たとえば、Ｓａｎｓａｎという名刺管理サービスを提供しているベンチャー企業があります。彼らは「紙の名刺の管理が面倒だ」という企業の現場の問題を発見し、データベース化して他の人がもらった名刺（＝人脈）を共有できるようにしました。

これだけでしたら、他の大企業が低価格で参入してくれば終わりでしょう。しかし、Ｓａｎｓａｎは現場で徹底的に情報を収集し、顧客企業が「利益を上げる」「時間を得る」ための問題を見つけて、名刺管理によって得た情報を使うことで解決しています。

企業の営業をしっかりと支援できているのです。

決する。

「徹底的に」情報を収集し、「利益」のための問題を「徹底的に」ピックアップして解

言葉にすると地味ですが、この作業は先行者が有利です。

後発の企業では得られないような内部の情報や状況を把握できることで、より問題を発見しやすくなるからです。

消費者向け新規サービスを提供するベンチャー企業の中には、問題発見力には目を見張るような天性のセンスを感じることがあります。

しかしそうではなくても、経験に裏打ちされた論理的な分析力と情報収集力、そしてPDCAによって問題を正確に把握して徹底的に解決していく力があれば、市場では必ず求められるでしょう。

そして、これらは生まれ持ったセンスなどではなく、学びによって身につけやすい力であると言えます。

3　問題のなかったところに問題を創り出したタイプ

▼「除菌ができる洗剤」が買われている本当の理由とは？

全く問題を感じていなかったところに、「問題ですよ！」「気にしたほうがいいですよ！」という問いかけで市場を創った例もあります。

「除菌もできる〜」という売り文句の洗剤を目にするようになったのはこの数年です。

P&Gの展開するアリエールという洗濯洗剤は、そもそも世の中にはなかった「除菌をしなくてはならない」という問題を創り出しました。

「除菌もできます」というアピールでは、そもそも「それって必要なのか？」という反応しか得られなかったでしょう。

P&G社は、まず徹底的に**「洗濯物には、実はバイ菌が残っているのだ」という問題意識を広めることに注力**しました。

彼らは、「問題のないところには打ち手は存在しない」ということを理解していたのです。

解決策であるアリエールの除菌の機能の説明ではなく、一見きれいになっている洗濯物を拡大するとバイ菌がたくさん残っているという映像は、多くの人の頭の中に残っていると思います。

問題が設定されれば、打ち手は限られてきます。必然的に「除菌もできる」商品に人は流れていきます。

これは、「問題設定が一番の起点である」ことを理解している販売戦略です。

問題を新たに設定することで打ち手（＝市場）が生まれるというのは、いくつも例があります。

たとえば、「メタボリック症候群」です。

ビジネスのために生まれたわけではない（はず）ですが、この指標が生まれたことで、関連するサービス・商品が山ほど生まれたことは記憶に新しいでしょう。「隠れメタボ」

まで問題として設定されたのです。

▼誰も気づいていなかったブルーライト

「パソコンのブルーライトをカットするメガネ」も同じような戦略が取られました。

２０１１年、ＪＩＮＳ　ＰＣというパソコンから発せられる眼を疲れさせるというブルーライトをカットするためのレンズが発売となります。

目が悪い人がかけるのではなく、目が良い人が悪くならないようにするためのメガネです。

そして当時、私たちはブルーライトをカットするメガネの宣伝よりも、ブルーライトがいかに眼を疲れさせているかという情報により多く接触していたのです。

実際には見えていないにもかかわらず、いかにブルーライトが眼を疲れさせるのかということについてはかなり深く刷り込まれました。

これは、技術系ベンチャーが見習いたい部分です。技術系ベンチャーはその技術がどれだけ画期的か、どのように役立つかを考えることに没頭しています。

しかし、顧客はそうではありません。新技術、つまり打ち手が先に存在しているときには、それが解決する問題について理解してもらうという作業が大事です。「問題」は当事者にその存在を理解してもらえてはじめて「問題」になるのです。問題設定は文字通り上流に存在すべきものなのです。**問題を正しく認識してもらえれば、必然的に打ち手の理解度も高まります。**

▼はじめの一歩を踏み出そう

新しいエンターテイメントや、今までみんなが困っていたことをオンリーワンの技術で解決してしまおうという起業家ももちろん大勢います。

しかし、この分野になると芸術に近い範疇《はんちゅう》になり、どのようなサービスが人々の琴線に触れて、ビジネスとして成立するまでになるのかはなかなかわかりません。後付けでヒットの秘密を紹介するという話はよくありますが、再現性については不確実でしょう。

本書では、「問題を見つけ出す」ための基本技術を紹介しています。そして、多くのベンチャー企業は**現状をしっかりと分析し、問題を明確に設定して改善・解決するという非常に地道な作業から生まれ、成長している**のです。

日本はかなりの先進国です。発展途上国と違って子供たちは生命の危険をあまり感じずに生きています。

そもそもわかりやすい「問題」が身の回りにないのです。これが「問題設定力」の低さにつながっています。

それは、そのまま起業パワーの低さにつながります。

自分で起業するにせよ、企業の中で新たなビジネスを考えるにせよ「問題設定力」は最も重要なスタート地点です。特化した学習をしなければ身につかないと考えたほうがいいでしょう。

良い話としては、一部で実施されている「起業家教育」を受けた日本人が起業に至る割合はアメリカや中国に迫るものがあるそうです。

あなたも本書の基本技術を使って、自己分析や今取り組んでいる仕事の分析・問題発見からぜひ第一歩を踏み出してほしいと思います。

第７章のポイント

既存業界のＶＣを分析すると参入できる部分が見えてくる。

一番手企業が見えていない問題が見えれば、大きな市場を創ることができる。

市場を創るとは、問題を創ること。

第8章

ケーススタディで練習してみよう

おさらいと実践トレーニング

問題設定力の高まりを実感してみよう！

ここまで読まれたあなたは、かなり問題設定力が身についています。

この章では、問題設定力に関する例題をご紹介しますので、実際に解いてみてください。

「自分の頭で、実際に考えてみる」ことで、ここまでの内容のおさらいにもなり、また、実践で使えるスキルも身につきます。ぜひ、気軽にトライしてください。

【練習問題1】

あなたは小学生向けの塾の講師です。中学受験を直前に控えたタカシ君の保護者から、「模擬試験の成績が良くありません。算数の図形問題が足を引っ張っているようです。対策を考えてください」という要望を受けました。

どのように対策を考えますか？

▽ポイント

保護者が把握している「算数の図形問題が足を引っ張って、模擬試験の成績が良くない」ということはあくまでも現象です。

そこから深掘りして「本当の問題点」の候補をピックアップして、さらに実際に取り組むべき問題点をしぼり込んでいきましょう。

学習塾では、算数・国語・理科・社会の難しい学習が扱われています。月に一度の模擬試験では、その月の学習内容を確認することになります。

試験を受けると、各教科について細かいデータを受け取ることができます。自分の得点、平均点と順位に加えて、各問題についての出来も確認できます。

どの分野の問題が、どれくらいできたのか、について把握できるようになっているのです。

確かに、毎回出題されている「図形の問題」について平均点を少し下回っているデータがあります。「図形問題」のために補習授業を実施したり、特別に宿題を出したりという選択肢もありえます。

▼「なぜ？」でゴールを確認

タカシ君の保護者からは、「算数の図形問題の対策をしてほしい」という要望を受けました。しかし、「算数の図形問題」ができるようになることは、タカシ君と保護者の目指す最終的なゴールなのでしょうか。

「なぜ、算数の図形問題の対策をしたいのか？」と考えるところがスタート地点です。

すると、

・中学受験で合格したい

というゴールを確認することができます。

すると、

「算数の図形問題の対策」

は、そのための打ち手のひとつに過ぎず、依頼を受けたプロである講師のあなたは「中学受験の合格のために解決すべき問題は、本当に算数の図形問題なのか？　他にないか？」を考えることになります。

▼問題点候補をピックアップ

では、中学受験合格のために「算数の図形の対策をして得点を上げる」以外にどのような問題設定がありえるでしょうか。候補をピックアップする作業です。

フレームワーク、つまりわかりやすいチェックリストはないでしょうか。

ここでは、

「得点　＝　解くことのできる問題の得点　―　ミスによる失点」

という計算式を考えてみましょう。これもチェックリストという意味では、フ

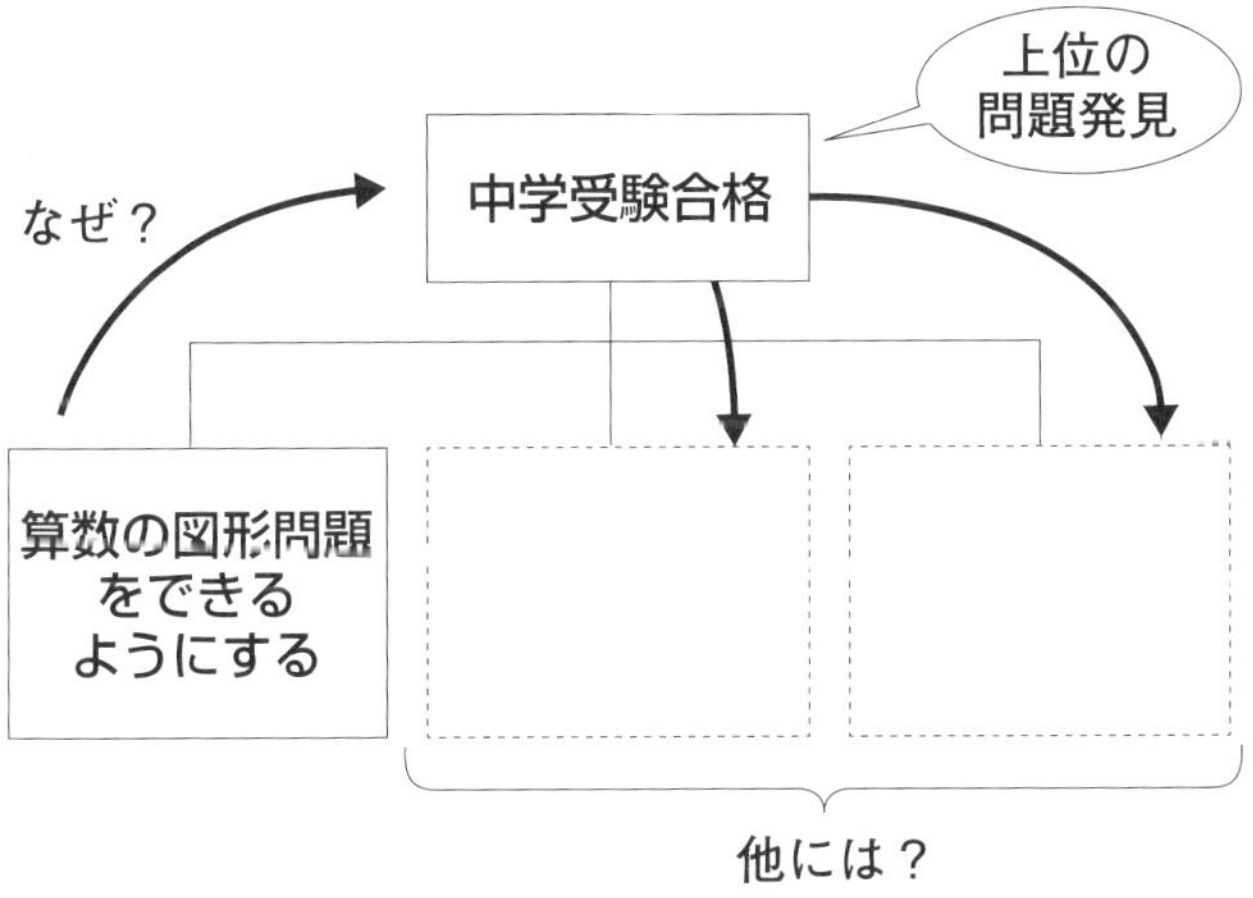

レームワークです。

これにより合格するために点数をアップするには、

1　解くことのできる問題を増やす

2　ミスを減らす

の2つのアプローチがあることに気づくことができます。

では、

1　解くことのできる問題を増やす

という問題を解決するには、どのようなアプローチがあるでしょうか。

もちろん、そのうちのひとつは「図形の問題をできるようにする」というものもあります。

しかし、点を増やす余地があるのは図形だけではないはずです。

- 算数の文章題
- 国語の漢字
- 社会の知識

などの候補が挙がります。

さらにここで、5章の問題候補ピックアップのスキルで紹介した「現場の一次情報」を収集するという作業をしてみましょう。

実際に、できない問題について指導してみると、タカシ君の「解くことができない」には2種類のパターンがあることがわかります。

- 理解できていない
- 理解しているが、テスト中には忘れている

指導をしていると、その場では解説を理解していて、類題も解けているのに本番では忘れているということが繰り返されていました。するとここでも、

(i) 理解できていない問題を理解できるようにする
(ii) 理解できた問題を試験本番まで忘れないようにする

という2つの問題が設定できることがわかります。

次は、

2　ミスを減らす

という問題を減らすにはどうすれば良いかというアプローチです。これは、模擬試

験の分析により3通りのパターンがありました。

(iii) 計算ミス

(iv) 問題の読み間違い

(v) 答えるものを間違える（みかんの値段を答えるのに、リンゴの値段を答えていた）

ここまでで、大きく(i)から(v)の5つの問題の候補をピックアップすることができました。

▼問題候補の中から実際に手をつけるものをしぼり込む

あれもこれも手をつけているほど、時間はありません。受験が迫っている中ですので、「短期間で効果が出やすい」という判断基準を設定しました。

受験が迫っていなかったり、受験合格ではない最終ゴールを設定したのであれば違った優先順位付けがありえます。

まず、(iii)は「復習のタイミングを早めに設定する」ことで、忘れてしまう前に定着を目指すことが可能です。そして、すでに理解しているものなので短時間で対応することが可能です。

また、(v) も対応が容易そうです。このミスは取り違える相手がひとつか２つだけなので、問題を読んだ後に「指示されたものを答えているか？」の最終チェックを入れることで避けることができます。

(iii) の計算ミスや、(iv) の問題の読み間違いは、どこでどのように間違えるかについてはいろいろなパターンがありすぎて簡単には対応できません。

計算ミスは一度間違えると、答えが間違っていることを指摘されるまでほとんど発見できないのが実状なのです。

▼実行プラン確定

ここまでの検討によって、

A　学習のスタイルはそのままで、復習のタイミングを早めに設定する

B　「問題文の指示しているものを答えているか？」を確認する見直しに注力させる

という2つの問題設定が確定したことになります。

では、実際に「どのような時期が最適か？」や、「その見直しを忘れないようにするにはどうするか？」の実行プランは次の段階の話になります。

この例題では、「短期間」で「効果」があり、最終的なゴールである「受験合格」にインパクトがあるかという判断基準で、問題候補の中からピックアップする作業を体験していただきました。

いかがだったでしょうか。

7章までの内容を読まれてきたあなたなら、なかなか筋のいい問題設定ができたのではないでしょうか。

常に、「本当の問題はなんなのか？」という視点を持つようにしてください。

良い問題を設定することができれば、筋のいい解決策は自然と見つかるものです。

現代社会では、多くの情報があり、問題さえ正しく設定できれば、解決策を見つけることは意外と簡単なのです。

ぜひ、ここで学んだことを実戦で活かしてみてください。

【練習問題2】

あなたは子供向けの玩具《がんぐ》メーカーの経営者から、
「最近、中国の工場のコストが急に高くなってしまい、利益を確保できなくなりそうだ。この問題を解決してほしい」
と依頼されたとします。現象を分析し、どのような問題を設定するか考えてください。

▽現状把握

「コスト高を解決すること」は、もちろん問題のひとつです。しかし、これが「解決しやすく、インパクトも大きい」という最優先事項に当てはまるかは、考えなくてはいけません。

ポイントは、この玩具メーカーの業績を上げることです。そのための優先的な問題設定として、「中国の工場のコスト高」が適切かどうかは検討が必要なのです。

ここで、この業界の5Fをチェックしてみましょう。

売り手：世界の工場である中国をはじめとして、アジアの工場は軒並みコスト高である。工場を移すコストも高いので、現状売り手の交渉力はかなり高い。
買い手：一部の大型家電量販店、アマゾンなどネット販売サイトなどに集客が偏っていることもあり、買い手の交渉力はかなり強い。
新規参入業者：外国企業だけでなく、国内でも新しいアイデアの新規参入が非常に多い。ブームや大ヒットが目まぐるしく変わり競争は激化している。
代替品：余暇を取り合うという点では、スマホゲームだけでなく学習塾なども考えられる。
直接競合：かねてからのライバル玩具メーカーも、新製品のヒットを生み出すなど勢いがあり、押されている。

さて、ここで考えたいポイントは、「中国の工場のコスト高はこの玩具メーカーの最も重要な問題ではない」ということです。
なぜなら、同じように中国に工場を持っている「競合」も「代替品」も「新規参入」も積極的に新製品を投入し、売り上げを上げているからです。

特に、代替品や新規参入が強いということは、差別化要素がまだ多く残っている業界だと言えるでしょう。コストが差別化要因になるような業界では、新規参入は敬遠される傾向があるのです。

ここでフレームワークによる机上の理論だけでなく、しっかりと「現場の情報」を集めることも大切です。大がかりなリサーチではなくとも、インタビューや販売店の訪問だけでも非常に多くのことが見えてきます。

「なぜコスト高でも儲かっている企業があるのか」

「新規参入の企業はどのような製品で乗り込んできたのか」

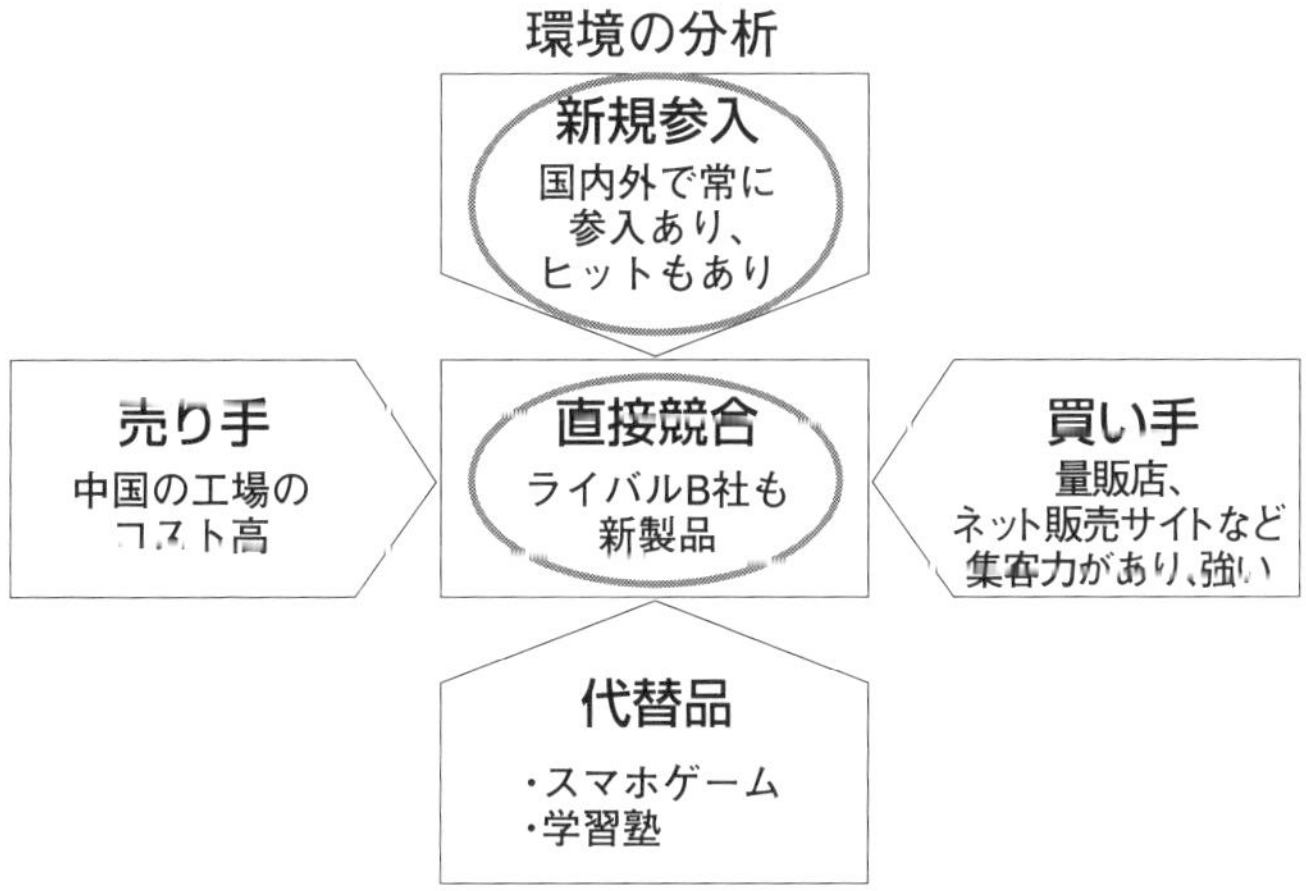

工場のコスト高にもかかわらず、新規参入、従来の競合の成功事例は多い

など、ここでは、

「コスト高が最も重要な問題なのか？」

を確認することが目的ですので、「コスト高」という環境要因より、大きな成功要因の存在をチェックします。

また、類似の顧客を持つ業界へのリサーチも参考になることは多いでしょう。子供向けですとスポーツ用品や学用品、子供服メーカーなど積極的に類似事例に当たってみるべきです。

では、新規参入も多く、ヒットも生まれているような現在の業界に、この玩具メーカーは現在どのような手を打っているのでしょうか。

今度は、ＰＰＭで分析してみましょう。

市場成長率に、注目してみます。すると、少子化の影響もあり、従来の子供向けの玩具は成長率が低いと言えます。

ヒット商品も生まれてはいますが、そもそものパイが小さくなってきているので小さい市場の取り合いです。

一方、今まで玩具メーカーが対象としてこなかった「大人向け玩具」は伸びる傾向が続いています。テレビゲームや模型など、非常に高額で趣味性の高い商品は、購買力のある大人に受け入れられているのです。

よって、このマトリックス（下図）において、

花形：大人向け市場で高いマーケットシェア＝資金を投入して維持できれば市場とともに伸びる

金のなる木：子供向け市場で高いマーケットシェア＝低コストで維持して利益確保

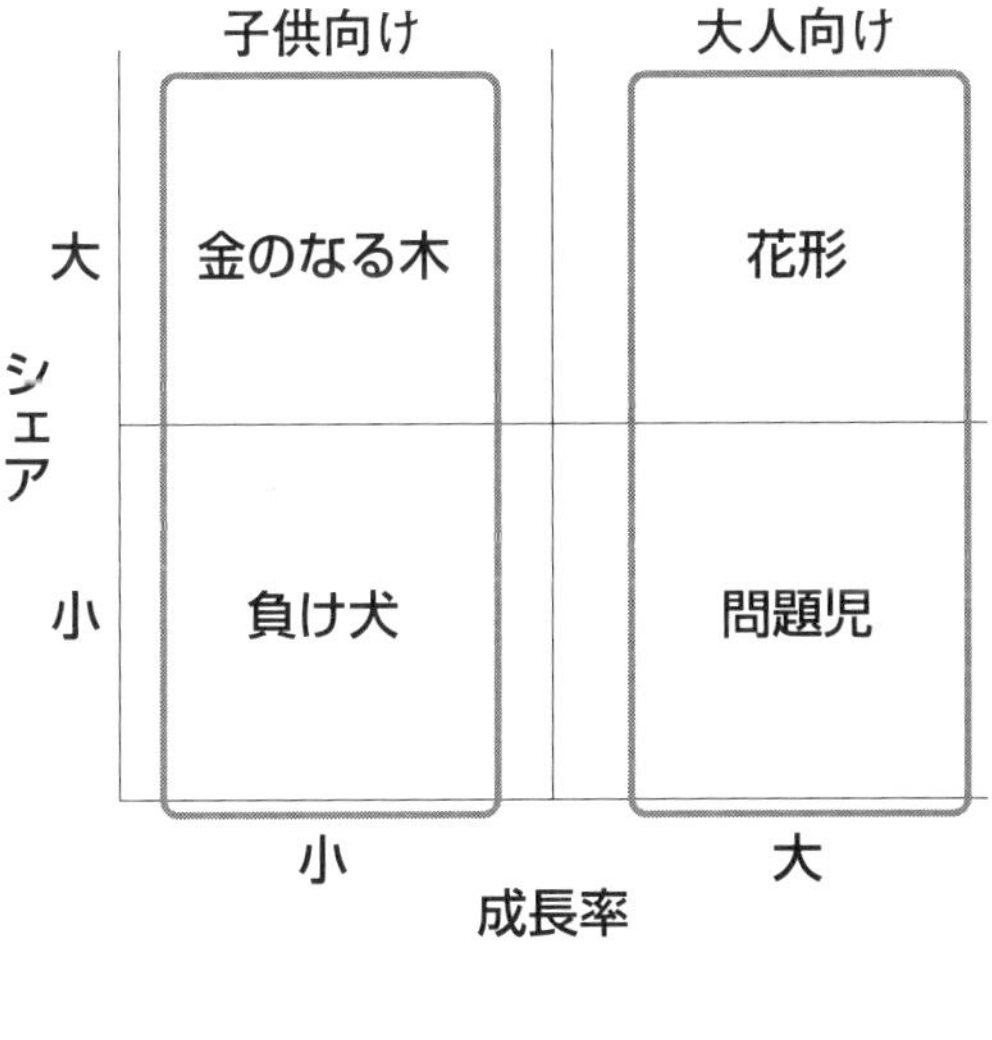

問題児：大人向け市場で低いマーケットシェア＝他の商品の利益を投入して花形へ
負け犬：子供向け市場で低いマーケットシェア＝撤退

となる、各セグメントに効果的な打ち手＝製品投入ができているのかを検証することになります。


子供向けのカルタや積み木、プラモデル、アニメ玩具やパズルなど老舗らしくおよそおもちゃと言えるものはすべて一通りそろえている。

昔からあるおもちゃがほとんどなので、他社との差別化も難しい。

バリューチェーンを徹底的に洗い出してコストを抑える工夫をしても、そもそも低価格かつ、小さいマーケットなので企業業績へのインパクトは小さいと思われます。

よって問題設定として、

・商品数をしぼることで管理やマーケティングコストを下げて「金の成る木」にしぼり込む

ということが考えられます。

具体的には、「評判の良い積み木などの自然素材を使った知育玩具にしぼる」などが考えられます。

また、成長分野である大人向け市場へは、

・子供向けで好評の知育玩具のノウハウを応用して、脳力トレーニングなど知的な大人向けゲームや玩具を開発する

という問題設定が可能です。

これらはもちろん、「知育」に強いという前提の上に成り立っている問題設定ですので、この場合も消費者へのインタビューや販売店での調査など「現場での情報」によりしっかりと裏付けを取ることも重要です。

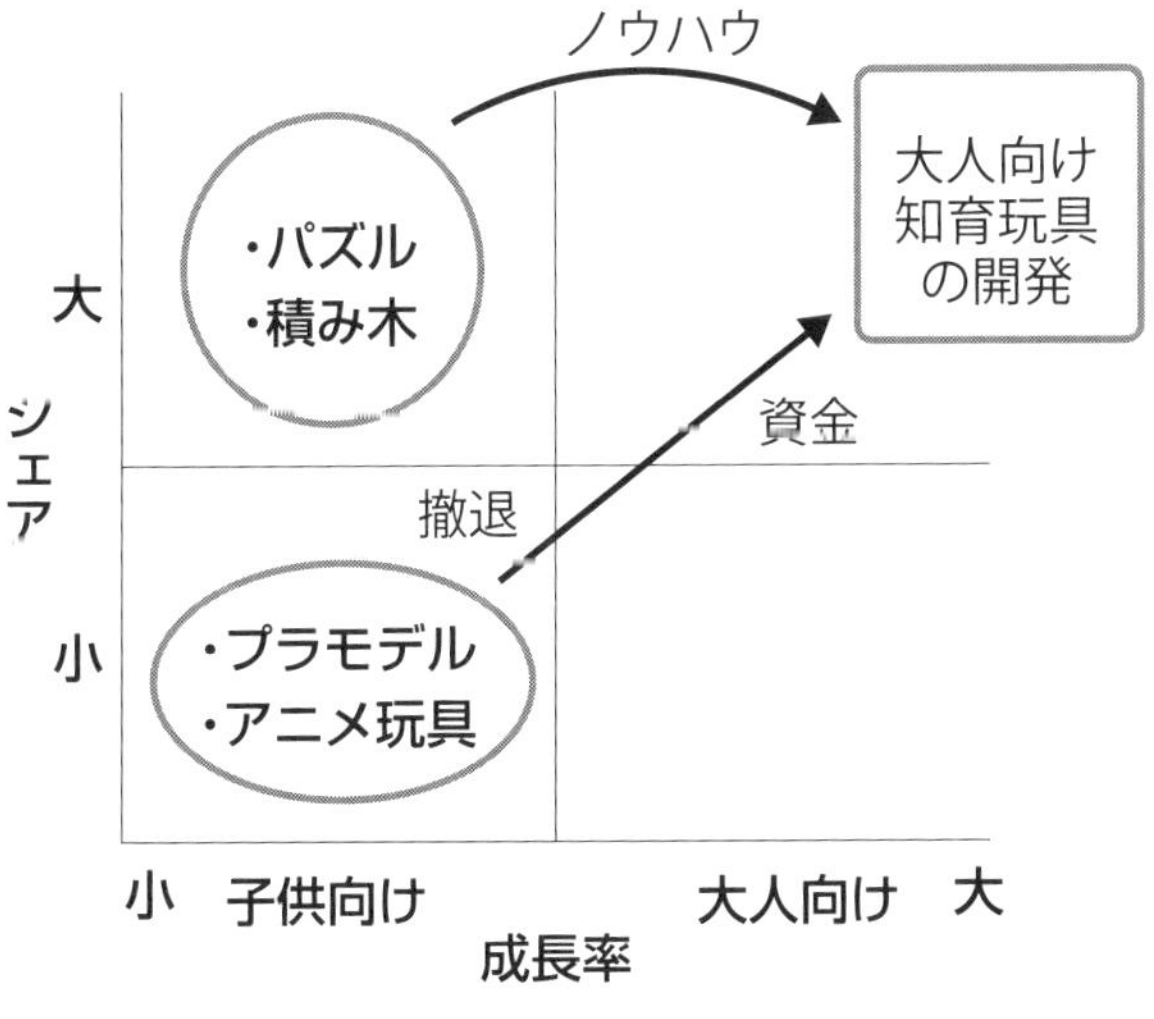

大切なことは、経営者の「中国の工場のコスト高が問題だ」という話から、それをそのまま問題として設定してしまわないことです。

言われるがままにコスト改善を実施したところで、その間に負け犬商品はすさまじいスピードで衰退していくでしょう。

【練習問題3】

あなたは、日本のアパレル企業がベトナムに新しく設立した工場の新しい生産責任者に任命されました。

前任者が立ち上げた工場ですが、いろいろと問題が発生しているようです。現地の従業員からの声を集めてみると、次のようなものが上がってきました。あなたはまずどこに問題を設定して手をつけますか？

▽工場でのいろいろな声

・不良品の返品がよくある

・工場の機械がよく故障する

- 納品のミスによるクレームがある
- スタッフがすぐに辞めてしまう
- スタッフが作業に慣れていない
- 工場の管理スタッフも仕事を理解できていない
- 機械が故障しても、修理スタッフがなかなか来ない
- 生地を効率良く使えていない
- スタッフがすぐに休んでしまう
- ムダなゴミが多い
- 工場がうまく動いていないことが多い

どれも実際に確認できた事実です。しかし、すべて同時に取りかかるのは現実的ではありません。

今回は６章の「しぼり込む技術」で、優先順位や取捨選択を考えてみましょう。

それぞれの現象が、「なぜ、問題なのか？」を考えてみます。

- 不良品の返品がよくある ↓ 顧客の信用を失う

・工場の機械がよく故障する→コストがかかる
・納品のミスによるクレームがある→顧客の信用を失う
・スタッフがすぐに辞めてしまう→スタッフの質が低くなる
・スタッフが作業に慣れていない→品質が低下する
・工場の管理スタッフも仕事を理解できていない→コストがかかる
・機械が故障しても修理スタッフがなかなか来ない→コストがかかる
・生地を効率良く使えていない→コストがかかる
・スタッフがすぐに休んでしまう→コストがかかる
・ムダなゴミが多い→コストがかかる
・工場がうまく動いていないことが多い→コストがかかる

ここで確認したいのが、それぞれの問題は並列ではなく「因果関係」になっていることがあるということです。

6章の優先順位の項目で確認した、「より大きな問題につながる」という性質を持っていると言えます。

11個の問題点を、原因と結果でまとめてみましょう。複数の結果につながるなどということは気にせず、関係をつかむことが大切です。

次ページの図のように整理することができたとすると、優先順位も見えてきます。少なくとも、「スタッフが作業に慣れていない」を解決したとしても、「スタッフがすぐに辞めてしまう」を解決しない限り、必ず同様の問題が噴出することになります。

ここでは、「コスト増」につながっている「スタッフがすぐに休む」と「顧客の信用を失う」につながっている「スタッフがすぐに辞めてしまう」を深掘りしてみます。

原因を探るための「なぜ？」を繰り返します。

「なぜ、すぐに休むのか？」「なぜ、すぐに辞めるのか？」といった具合にです。

すると、「給料」よりも「子育てへの対応」が見えてきました。パートスタッフは子育てをしていることが多く、急病など突発的な問題で休んだり、その対応での疲労から退職が続いたりしていることがわかりました。

そこで、

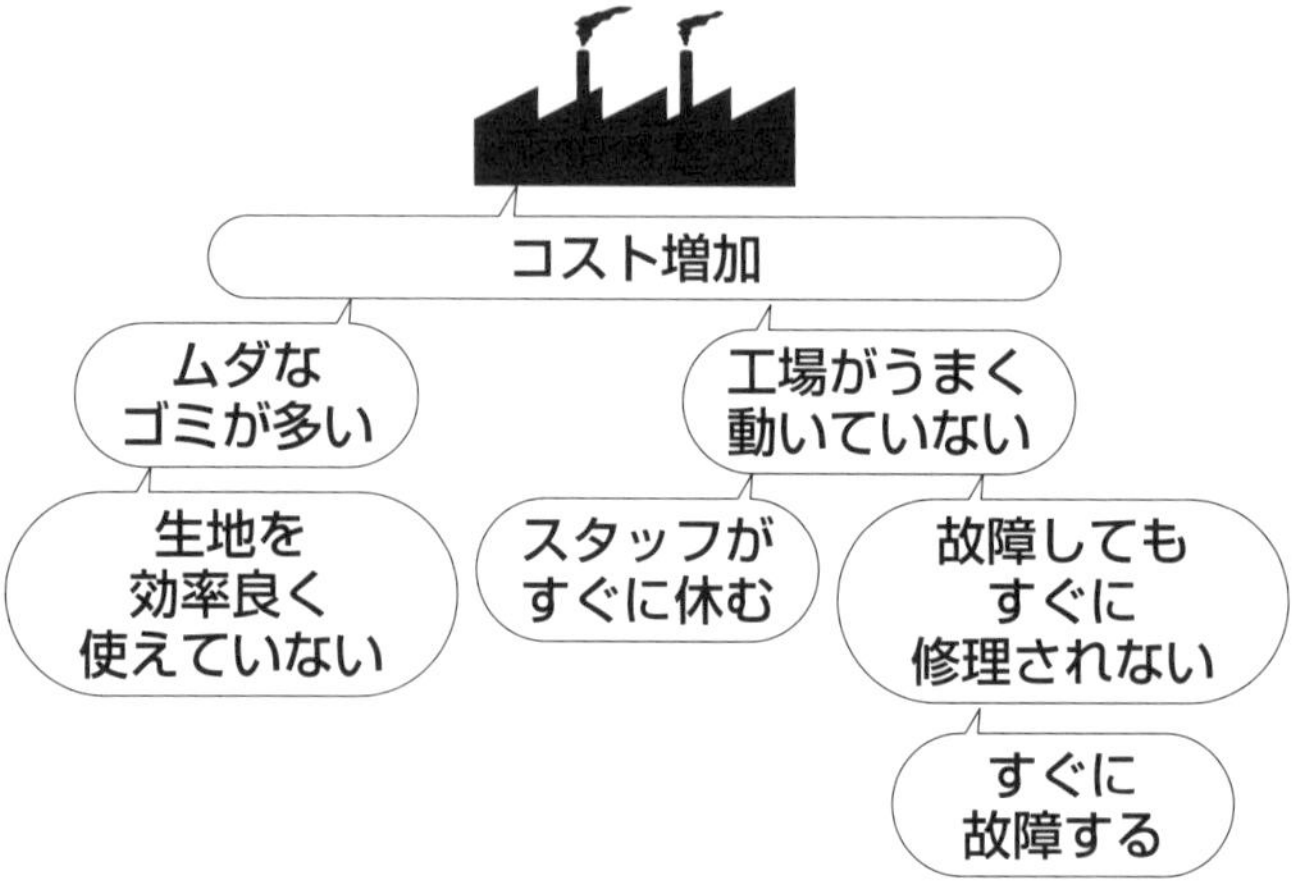
コスト増加
ムダなゴミが多い
工場がうまく動いていない
生地を効率良く使えていない
スタッフがすぐに休む
故障してもすぐに修理されない
すぐに故障する

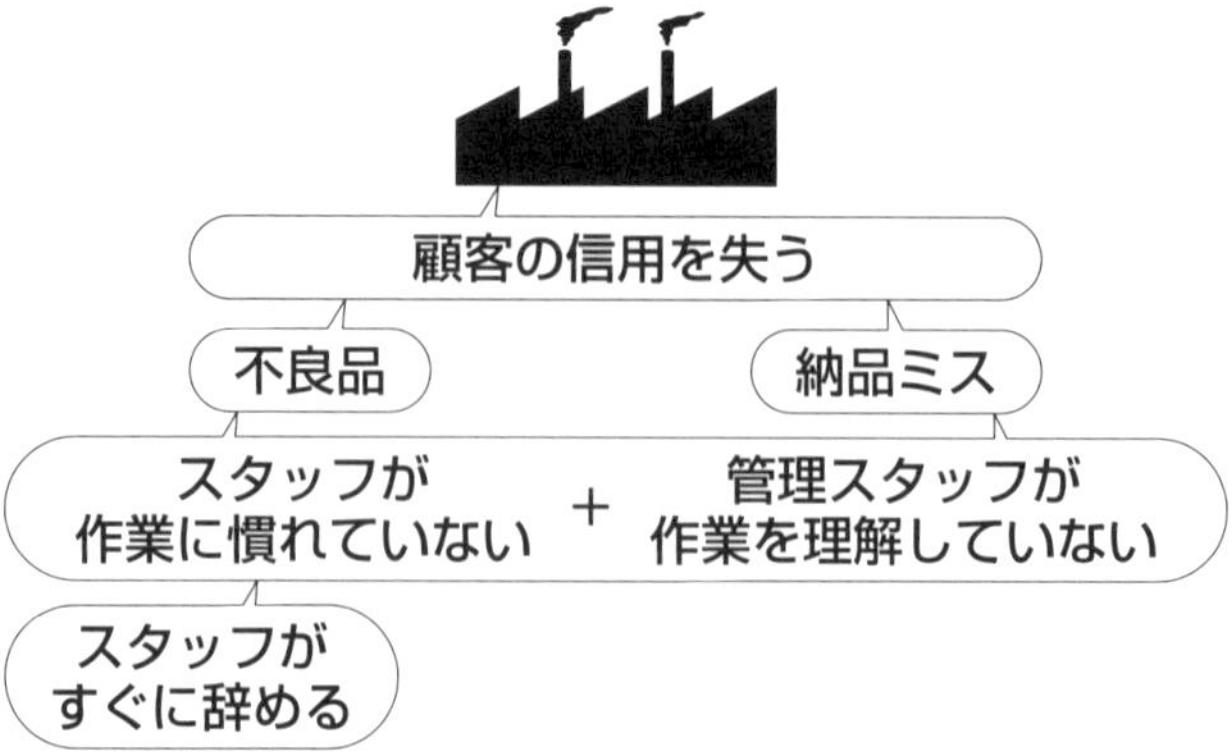
顧客の信用を失う
不良品
納品ミス
スタッフが作業に慣れていない
+
管理スタッフが作業を理解していない
スタッフがすぐに辞める

「スタッフ用の子育てを支援する」

という問題を設定することになりました。

ここまでの設定ができれば、

・ベビーシッター代の補助

・保育施設の併設

などの打ち手も見えてきます。

整理して、「なぜ？」の掘り下げにより、ひとつの問題設定により「コスト」と「顧客の信用」の２つに効率良く対応することができました。

たとえば、営業の場面でも顧客の「あれが問題だ」「これが問題だ」にいちいち振り回されていると、目の前の現象は潰せたけれど、根本原因が解決されなかったために顧客の満足度がイマイチだったということになりかねません。

ヒアリングした内容から、「なぜ？」を重ね、より本質的な問題を見つけ出して顧客と共有することが問題解決型営業の最も重要なプロセスになるのです。

おわりに

私たちの受けてきた学校教育では「問題」は常に正しいものでした。

しかし、社会の中で私たちの前に現れる問題は、解決したところで「欲しい結果が得られるような問いではなかった」という残念な結末になるものが少なくありません。

たとえそれが、上司や顧客が与えてきたものであってもです。

「先に言ってよ!」「そりゃないよ!」と嘆いてもしかたがありません。

「その問題は、本当に優先的に取り組むべきものなのか?」

私がコンサルタント時代に常に疑うように叩き込まれ、学習教室を運営する中でも常にスタッフに考えるように促していることです。

塾の生徒たちに「ロジカルシンキング」「問題解決」の手法を教えるときにも促して

います。

もちろん「これが問題だ！」と言っている相手に、「実は違うことが問題です」と伝え、理解してもらうコミュニケーションは簡単なものではありません。

しかし、だからと言って「根本解決」のための問題設定から逃げることはプロとして長い目で評価を下げることにつながります。

「目の前の現象」に振り回されずに、「より本質的な問題設定」ができるようになれば、「他人の問題を解決する」というビジネスの場面だけでなく、自分の人生のあらゆる場面で効率的に健やかな日々を送ることができるはずです。

そういう意味で、問題設定力は営業パーソン、コンサルタント、組織のリーダーや起業家のみに求められる能力ではありません。

どんな人でも、社会人として生きるために必要な力です。

本書を通して、

「〝現象〟にとらわれない習慣をつける」

「〝なぜ？〟の深掘りで本質的な問題を探る」

という「姿勢」を身につけてもらいたいと考えています。

簡単なことだと思われるかもしれませんが、最初の一歩によって視野が大きく変化して劇的な変化があるはずです。

フレームワークや数字の分析は次の段階の話ですし、それで導き出されたものでも常に頭の片隅では「本当にそれが問題か？」と考えることは忘れてはいけません。

情報の伝達がすさまじいスピードで実現している今、「良い問い」さえ立てることができれば、そのための「打ち手」の情報やそれを持った人材と出会うことは驚くほど容易になっています。

たとえば、スティーブ・ジョブズはi-Podを具体的にデザインはしていません。

あくまでスタッフたちに、「クリック数を少なく」「メニューの表示を早く」などの問題を設定していただけです。それを有能な技術者や、デザイナーが解決することで優秀な製品が仕上がったのです。

あなたも「自分が解決すべき問題はこれだ」という問題設定力が高まれば、必然的にその問題の解決は思った以上に近づいてくるはずです。

まずは身の回りの、一見、問題に見える「現象」について考えてみることからスタートしてみてください。

通りがかりの繁盛店やニュースで話題の企業について、ちょっと調べてみるのもいいでしょう。

経営コンサルティングや起業などの大きな話ではなくても、考えるべき対象はいくらでもありますし、それらを解決できたとき大きな自信になるはずです。

自分の私生活で活かされたときには、本当に気持ちが軽やかになるものです。本書がその一助になることを祈っています。

最後になりますが、ロジム卒業生の慶應義塾大学の古屋創さんには原稿を読んでもらい、貴重なご指摘をいただきました。わかりやすい構成になっているとしたら彼のおかげです。お礼申し上げます。

苅野進

プロデュース	森下裕士
装丁	中西啓一（panix）
本文デザイン＋ＤＴＰ	佐藤千恵
校正	広瀬泉
編集	内田克弥（ワニブックス）

考える力とは、問題をシンプルにすることである。

著者　苅野進

2018年12月10日　初版発行

発行者　横内正昭
編集人　青柳有紀

発行所　株式会社ワニブックス
〒150-8482
東京都渋谷区恵比寿4-4-9　えびす大黒ビル
電話　03-5449-2711（代表）
　　　03-5449-2716（編集部）
ワニブックスHP　http://www.wani.co.jp/
WANI BOOKOUT　http://www.wanibookout.com/

印刷所　株式会社光邦
製本所　ナショナル製本

定価はカバーに表示してあります。

落丁本・乱丁本は小社管理部宛にお送りください。送料は小社負担にてお取替えいたします。

ただし、古書店等で購入したものに関してはお取替えできません。


ISBN978-4-8470-9736-2